Narrativa

Marco Pedullà

La semantica degli anatemi dell'amore: una terapia antiterroristica per i problemi di coppia e della vita

Youcanprint *Self-Publishing*

Titolo | La semantica degli anatemi dell'amore: una terapia antiterroristica per i problemi di coppia e della vita
Autore | Marco Pedullà

ISBN | 978-88-93219-56-3

Youcanprint Self-Publishing
Via Roma, 73 – 73039 Tricase (LE) – Italy
www.youcanprint.it
info@youcanprint.it
Facebook: facebook.com/youcanprint.it
Twitter: twitter.com/youcanprintit

A tutti i pazzi innamorati

Prologo

Come il pendolo di Foucault è libero di oscillare in ogni direzione basandosi su alcuni fattori tra cui l'emisfero in cui si trova, i nostri sentimenti ruotano attorno a più rotte, inseguono emozioni diverse, viaggiano e si muovono senza restare fedeli a un asse.

Non è un lepido aforisma, in Amore spesso è così, difficile che il nostro impulso sentimentale possa seguire come un giroscopio il proprio orientamento, perché restare fedeli al proprio asse di rotazione restando proiettati in un'unica direzione fissa è quasi impossibile.

Come quel posto che non è mai così.

Esatto.

C'è un posto in Italia dove la spiaggia non è mai uguale a quella lasciata il giorno prima.

Si alternano sassi e sabbia come se ogni giorno quello di cui si compone per esistere abbia bisogno di un pittore pronto a disegnarla ogni volta. Costruita da una serie di pennellate di contorni all'interno di una diapositiva magica con l'ambizione di essere toccata dai nostri piedi.

È forse questo il segreto dell'esistenza delle immagini?

E se qualcuno debba dare forma a ognuno di noi per consentirci di vivere?

Perché quel qualcuno si divertirebbe anche a cancellarci?

Siamo solo dei modelli nelle mani di un pittore, finiremo anche noi presto con il venire quotati in Borsa?

Chissà.

Ecco sfilare delle storie reali e immaginarie in un pamphlet di espressioni di individui Mau Mau.

Non esiste più una etica comportamentale, diventa tutto un gioco di semantica alla ricerca psichedelica degli anatemi dell'eros.

Non è una terapia ormonale estrema, ma solo una visione spassionata.

Siamo intasati di persone sciacqualattuga, che l'acqua non pulisce abbastanza.

O forse è colpa delle bombette che ognuno si spara dalla prima mattina, partendo dalla colazione?

Ormai siamo entrati nell'era dei Mia Bao, ovvero Mau Mau non una evoluzione, ma un passaggio nella macchina spazio temporale dell'uomo di Neanderthal.

In questo cataclisma mentale si confessano pazienti e terapeuti, mantenendo l'anonimato per quel che serva visto che esiste Facebook.

Le nostre vite sentimentali diventano delle sceneggiature drammatiche che ci costringono a vederci fuoriposto dovunque.

Una canzone dice fanno bene o fanno male, sto bene o sto male. Questo è il dilemma shakespeariano di oggi?

Siamo dei pigmei, senza l'altezza ci sentiamo vatussi.

Vogliamo sentire dall'altra parte dell'Oceano, ma non abbiamo le antenne e neppure le orecchie di un Elefante.

Siamo alla caccia dei pericoli. E poi scopriamo l'umanità nei sacrifici degli animali. Come la notizia di un cinghiale che dai boschi sfugge ai cacciatori, finendo in un tragico epilogo, costretto a un suicidio in un salto verso la libertà della morte, cadendo a picco sul mare.

Un tempo sempre più lontano ci salvava l'amore, perché ci rendeva uguali, e le sue regole valevano per tutti.

Ora non è più così.

Siamo sempre più inafferrabili, incontrollabili, disposti a tutto per i nostri interessi e a niente per salvare le necessità di Cupido.

Un virus asettico dell'insensibilità è giunto alle porte, dalle Alpi agli Appennini si è diffuso dovunque, arrivato forse passando oltre delle famigerate Colonne D'Ercole clandestine che si reggono su dei barconi.

Chi si salverà?

Chi ne resterà sconfitto?

Chi ne verrà fuori solo a metà?

Tutto questo non lo scopriremo nella prossima puntata, ma semplicemente voltando la pagina.

Capitolo 1

La moglie infedele

Paziente B. Terapeuta A.

A: «Signora, perché crede di aver bisogno di aiuto?»

B: «Mi ha tradito. Lo odio, lo amo, ma lo voglio ancora. Non posso perderlo e rinunciare a lui»

A: «Si rende conto in che stato si trova?»

B: «Cioè?»

A: «Dovrebbe gioire di un amore. Avere fiducia e serenità di averlo»

B: «Ma lei vive su Marte? Tutte le storie sono così. Non posso mica stare sola. Ho bisogno di lui»

A: «Lui cosa ne pensa di questo? Forse fare una terapia di coppia, potrebbe aiutarvi?»

B: «Noi non ne parliamo»

A: «Vivete insieme giusto?»

B: «Certo siamo sposati da due mesi»

A: «Accipiacchia! Mi perdoni. In così poco tempo, avete maturato questi problemi?»

B: «Stiamo insieme da 10 anni, ma è sempre stato così»

A: «Ovvero?»

B: «Ci tradiamo a vicenda, ma poi finiamo a letto e ci perdoniamo in attesa del prossimo litigio»

A: «E a lei questo non va bene? Oppure lo accetta?»

B: «Beh, che dire. Ho la possibilità di ritornargli pan per focaccia. Chi altro l'avrebbe?»

A: «Mi chiedo se ha le idee così chiare. Come mai si trova qui?»

B: «Non l'ha ancora capito?»

A: «No. Mi spieghi»

B: «Fa molto caldo in questa stanza. Posso spogliarmi? Le spiace?»

A: «La prego si rivesti immediatamente. Abbiamo una etica professionale. Se qualcuno entrasse e ci trovasse così rischierei di essere radiato dall'albo»

B: «Mi dispiace. Ci pensi però alla mia situazione. Esiste anche il comandamento sull'adulterio. Siamo sulla stessa barca mi creda, non si affonda mai, si barcolla solamente»

A: «Mi faccia il piacere. Non la vedo affatto come lei»

B: «Chiuda a chiave. Sono una bella donna e continuerò a pagare le sedute il triplo della sua parcella»

A: «Se proprio insiste…».

Capitolo 2

Il disoccupato

Paziente C. Terapeuta D.

D: «Signor X perché crede di aver bisogno di aiuto?»

C: «Sto male. La mia vita è andata allo sfascio»

D: «Cosa intende dire?»

C: «Sono disoccupato. Non ho una donna. Vivo con mia madre in un buco di casa. Ho solo una stanzetta di 10 mq. Come si fa?»

D: «Potrebbe concentrarsi sull'eventualità di cambiare la sua situazione»

C: «Crede che non ci abbia provato? Sono rassegnato e depresso. A volte vorrei diventare cieco per non vedere più nulla e sordo per non sentire più. Rinuncerei a tutto anche al tatto, vorrei semplicemente non esistere»

D: «E' per caso una questione economica?»

C: «Anche. Viviamo con la pensione di mio padre defunto. Ho 37 anni, ma non era questa la fine che avrei voluto fare»

D: «Mi stia a sentire. Lei è ancora giovane e può cambiare le cose, ma deve convincersi di volerlo»

C: «Ma dai di che parliamo. Si vede dalla faccia che lei è più giovane di me, eppure è dall'altra parte. Sono io quello che non ha combinato nulla nella vita»

D: «Credo che lei non si renda conto anche della fortuna che ha»

C: «Non mi faccia incazzare con visioni inesistenti. Quale sarebbe? Sentiamo»

D: «Vive con sua madre e può viverla ogni giorno. Non sa quante persone rimpiangono l'affetto materno nel quotidiano e vorrebbero essere al suo posto. Sembra abbastanza sveglio e mi pare di capire che ha tutti i mezzi per poterne uscire, salute compresa»

C: «Guardi non c'ha capito un cazzzo. Siamo in affitto, con la possibilità di essere sfrattati da un momento all'altro. Credo di essere bipolare. Ho solo bisogno di farmaci, cure o di scomparire»

D: «Non mi sembra né sociopatico e né bipolare. A volte convincersi di avere una malattia fa sentire meglio, perché non si accetta di essere sconfitti. Si cerca un capro espiatorio. Non dico che ha delle colpe, ma accettando le sventure poi si trovano i motivi per andare avanti e per cambiare le cose»

C: «Le sto dicendo che sono malato. Dormo di giorno. Le mie notti sono sempre insonni. Non riesco a tenere la concentrazione su un film, su un libro, o sul notiziario della radio. La mia mente si perde tutte le volte. Non ho una macchina, ma non potrei neppure guidarla perché appunto tengo a distrarmi»

D: «Appunto. Se ha questa capacità di analisi, deve solo sforzare la propria mente e ritrovare la concentrazione. Prima di andarsene le darò dei fogli con degli esercizi da svolgere per questa sua problematica»

C: «Ho solo bisogno di medicine. E che siano potenti. La prego»

D: «Che mi dice della sua vita sessuale?»

C: «Sarebbe meglio lasciar perdere. Ho incontri promiscui, in locali della peggior specie»

D: «Ha degli amici?»

C: «Magari. Non ne ho mai avuto. Qualche conoscente»

D: «Se potesse tornare indietro cosa cambierebbe della sua vita?»

C: «Che domanda del cazzo. Comunque non saprei. Non ho mai voluto studiare o dedicarmi a qualcosa di particolare»

D: «Che maturità ha conseguito?»

C: «Ho fatto il classico»

D: «Qual era la sua materia preferita?»

C: «L'inglese»

D: «Molto bene. Ha mai pensato di lasciare l'Italia?»

C: «Non ho soldi. Mia madre sta poco bene. Non parlo bene la lingua»

D: «Lei ha uno scopo»

C: «Davvero? Quale?»

D: «Lei è una brava persona. Si occupa di sua madre. Non sarebbe da tutti questa scelta»

C: «Non è una scelta. È capitato»

D: «Questo non cambia. Le fa onore. Crede in Dio?»

C: «A messa la domenica con mia madre come passatempo. Non so se ci credo»

D: «Bene. Ha degli hobby?»

C: «Mi piaceva scrivere poesie. Adesso ho perso la concentrazione, non riesco a fare nulla. E poi leggo poco»

D: «La sua vita è così particolare che andrebbe condivisa con gli altri. Perché non inizia a scrivere? L'aiuterò a farlo se necessario. Magari i suoi scritti le daranno l'emancipazione che desidera»

C: «Ci posso provare, ma non credo che i miei pensieri letali siano da condividere»

D: «Si chiama solidarietà. I tuoi pensieri non valgono meno di quelli degli altri. La tua vita è preziosa e vale la pena di raccontarla»

C: «Se solo potessi guarire»

D: «Sicuro di volerlo fare?»

C: «Beh. Certo. L'unico svago al momento sono i locali a luci rosse»

D: «Cosa sente andando in questi posti?»

C: «Non provo nulla. Tra la musica dance, qualche Martini, e la voglia sessuale è come se spegnessi un interruttore»

D: «Potrebbe anche fare altro, non so andare a correre?»

C: «Credo che per tornare a scrivere possano essere fonte d'ispirazione»

D: «Vuole scrivere dei suoi hangover?»

C: «Non solo. Potrei descrivere la sensazione di non esserci. E potrei riportare ogni cosa. Ne succedono lì dentro..»

D: «Ovvero?»

C: «Non c'è più religione lì. O perbenismo, ma solo maialate, inculaggini, sadomaso e porcherie estreme. Due uomini e una donna, donne con un uomo, uomini e donne, uomini con uomini. Di tutto e di più»

D: «Caspita»

C: «Ormai è andato tutto a puttane. Non siamo più dei pornoromantici. Siamo solo dei porno e basta»

D: «Dei porno viventi?»

C: «Sì, secondo me»

D: «Forse cambierà idea quando troverà l'amore»
C: «Sarà. La prego però, mi prescriva dei farmaci»
D: «Solo dei tranquillanti»
C: «Grazie».

Capitolo 3

Lettera di un vegano propriamente detto.

Non tutti sanno realmente che la Natura è in pericolo.

Non tutti riflettono sugli effetti a lungo termine che l'inquinamento ambientale odierno produrrà su di noi e sulle generazioni future.

Le voci allarmanti degli ambientalisti, diventano sottili, ovattate e poi spariscono senza mai essere ascoltate.

Echi pieni di significato al vento, che raggiungono ben presto la dimensione del dimenticatoio più assoluta. Una dimensione per accogliere questi lamenti impetuosi, dove poter dargli sfogo, dove poter farli consumare.

Ma alla fine, essi vorranno esplodere e si abbatteranno in una catastrofe che una volta abbattutasi, non lascerà spazio a nessuna domanda del perché del suo verificarsi.

Se solo ci fermassimo un attimo a pensare, capiremmo che possiamo ancora fare in modo che la natura torni a respirare come un tempo.

L'antropizzazione ambientale in Italia, ha prodotto e produce sempre più rischi idrogeologici.

Il disboscamento senza ordine, la distruzione degli alvei dei fiumi, la pressione edilizia abusiva portano conseguenze spesso disastrose.

Sì, perché basta una pioggia più abbondante del solito ed è di nuovo l'ennesimo caso di solidarietà alle popolazioni alluvionate.

È dai tempi in cui ero bambino che sento parole accoppiarsi tra di loro, susseguirsi per arrotolarsi in una girella difettosa che si arrotola ma non si sbroglia e non lascia spazio a nessuna soluzione.

Immissioni di inquinanti, effetto serra, impoverimento del manto di ozono, piogge acide, cambiamenti climatici, riscaldamento globale, rischio nucleare, inquinamento delle acque marine, inquinamento delle acque continentali, inquinamento delle acque di falda, tecniche di pesca non rispettose dell'ambiente, esaurimento delle risorse non rinnovabili, erosione dei suoli, desertificazione, deforestazione, introduzione non controllata di biotecnologie, erosione genetica.

Queste parole si attanagliano nelle nostre menti, rappresentano una problematica da risolvere, ma noi non lo facciamo.

Noi, restiamo impassibili, sempre più incapaci di fronte alla visione di un mondo che si sgretola.

L'epoca della biodiversità diventa una vera e propria corsa agli ostacoli, una corsa contro tutto, il tempo soprattutto.

Gli ecosistemi crollano, ma, c'è chi riesce a essere ottimista, ci sono studiosi, scienziati, che definiscono questo cambiamento come normale, frutto di un percorso naturale indipendente dall'azione umana.

In quest'ottica di irresponsabilità, dove i problemi si tardano ad affrontare, forse per non farlo affatto, l'uomo e la natura finiscono con il farsi la guerra.

L'intelligenza umana di alcune persone produce sempre dei buoni propositi che però vengono ignorati il più delle volte.

E così, di fronte a questi insuccessi anche l'idea di un'etica di sviluppo sostenibile mi sembra solo un'utopia.

Come può l'uomo moderno rispettare l'etica antropocentrica?

Un'etica che dovrebbe dividere i diritti tra gli uomini e la natura, in parti uguali. Un'etica dove le generazioni attuali vengono invitate a comportarsi in maniera da non compromettere la fruibilità delle risorse naturali alle generazioni future.

Gli orsi polari annegano a causa dello scioglimento dei ghiacci nell'Artico.

Le loro calotte polari scompaiono, e l'uomo resta a guardare senza chiedersi il perché.

Ma se nemmeno il film di Al Gore, ex futuro presidente degli Stati Uniti, e i suoi convegni riescono a incentivare il cammino verso rapide soluzioni, è la crisi.

Allora, siamo veramente seduti su una bomba a orologeria?

Innescheremo questa prorompente spirale distruttiva?

Noi che con la nostra ragione abbiamo scongiurato l'olocausto nucleare, saremmo in grado di ripeterci anche in questo caso?

E se domani ci svegliassimo e improvvisamente assistessimo a un'immane conflagrazione del nostro pianeta? Di chi sarebbe la colpa?

Sicuramente la nostra!

Abbiamo un modo sbagliato di rapportarci all'ambiente, viviamo in un'epoca dove lo scontro diviene natura contro cultura.

Sì, proprio così.

L'uomo è ubriaco del proprio alter ego culturale, del proprio consumo, del proprio spreco, del suo strapotere artificiale e tecnologico.

Purtroppo, l'uomo contemporaneo si è sempre più abituato a percepire il tempo e lo spazio con un ottimismo che distorce il suo modo di concepire il mondo.

Forse gli uomini del futuro saranno capaci di dare una svolta al cambiamento, ma dobbiamo creare le basi affinché possano farlo.

Non sarebbe corretto e onesto sbolognare ogni problema ai nostri nipoti, tenendo ancorato un brandello di speranza nel nostro fondale di incoscienza.

L'augurio che le nuove generazioni possano essere più capaci di noi.

Ma in un mondo che si inquina sempre di più, forse non daremmo nemmeno l'opportunità ai nostri antenati, di gustare l'essenza e le gioie di cui noi non siamo tuttora capaci di fare tesoro, quelle gioie che ci regalano momenti inebrianti.

Forse loro non potranno più provare la sensazione dell'acqua salmastra che si agita intorno al corpo in un mixage di emozioni psico-fisiche dove i muscoli si flettono con vigore.

Un'epoca da salvare dal un disastro già perpetratosi, dove i paesaggi terrestri diventano tetri e proibitivi, dove le lande smettono di essere rigogliose, mormoranti, fertili: i paradisi che conoscevamo.

Alcune piante, alcuni animali, rischiano di scomparire, e così si produrranno diari meno pullulanti di nobili nomi di derivazione latina.

L'uomo non è crudele, alcuni lo sono.

Forse la maggior parte sono solo ignari, non solo con la natura, ma anche nei confronti degli animali e dei loro simili.

Una parte della comunità vegetariana considera gli uomini onnivori un ammasso di assassini a causa della macellazione degli animali.

Sicuramente è un atteggiamento feroce, in alcuni casi becero specie quando il gesto si compie nella consapevolezza di sentirsi superiori, più forti, e negando il rispetto alle creature sottomesse.

Non oso pensare a come debba essere vivere con la paura che prima o poi qualcuno più potente di te, possa ucciderti per cibarsi della tua carne.

Non oso immaginare, la sensazione agonizzante di un essere più debole che deve arrendersi a un altro più possente.

Così come succede tra animali erbivori e carnivori.

Come può vivere tranquillo, un erbivoro che deve sempre guardarsi dal pericolo dei felini, come può essere spensierato, felice, di appartenere a questa catena alimentare che ha di per sé nel suo circolo vizioso una regola troppo atroce, giusta o sbagliata che sia.

Forse un giorno la moderna biotecnologia, nei suoi processi di rivoluzione inventerà un meccanismo capace di produrre carne e derivati senza il sacrificio di nessuno, usando solo il gene come ingrediente base.

Chissà se avverrà, se sarà possibile sfornare e mettere su una catena di montaggio costolette animali in mondo continuativo. Sarebbe l'etica di una linea di produzione animale infinita, senza morte, e magari a forma di spina dorsale. Per me non è poi così difficile immaginarla!

Morire per sfamare qualche altro, giusto o sbagliato?

Di certo, mi rattrista vedere nelle cronache mediatiche ambientaliste pro Greenpeace, le immagini di balene, i mammiferi più pacifici della terra, arpionate dai soliti e spietati pescherecci giapponesi.

Ho bisogno di credere che quelle balene abbiano un'alternativa, abbiano la possibilità, se solo lo volessero, di scomparire in cavità marine sotterranee separate tra di loro da innumerevoli sentieri e segrete arterie di rocce, dove poter trovare una via di fuga.

Posti, sconosciuti agli uomini, dove la morte di ogni essere sia contemplata in un modo diverso, in un meccanismo che non lascia commozione in cuore a ogni scomparsa.

Forse, quelle balene che sfidano gli oceani di quei pescherecci, sanno a quale rischio vanno in contro, hanno deciso di correre contro la morte, per qualche ragione, perché sono stanche, o per mettere alla prova la bontà umana di quei pescatori senza scrupoli, nella speranza che questa volta sia clemente e le salvi.

Spero esistano i sentieri nascosti. Degli apriti sesamo floreali per solo animali. Lì, gli orsi non si sentono minacciati, sono liberi di provare il gusto dell'ebbrezza dell'uva selvatica e di barcollare sui rami degli olmi.

Spero che questi posti ci siano o nascano, e che non restino delle plaghe vivide frutto della mia immaginazione.

Auspico anche che un giorno i composti sintetici dei pesticidi che sempre più spesso si fanno strada all'interno di ogni forma di vita, smettano di esistere perché non più necessari.

Il mio desiderio è quello di un futuro senza improbi sforzi di persone antinatura, pronte a germogliare potenziali processi di calamità e disgrazia.

Nel lercio della civiltà, ci sono ancora troppe persone pervase da un senso di coscienza per tutto ciò che li circonda.

Un senso latente pronto a emergere se spronato.

Ogni filo d'erba deve ritornare a essere l'ispirazione per tutti, un gravido significato dell'importanza di Madre Natura.

Purtroppo siamo abituati a stare chiusi nelle mura domestiche in compagnia di bagliori prosaici innaturali, aspettando solo l'estate come unico momento di relax e di vita naturale.

Un atteggiamento sbagliato, perché anche in altre stagioni si possono provare nefaste sensazioni, per esempio: sdraiandosi su un pendice intiepidito dal sole, o osservando il meraviglioso litorale battuto dalla risacca.

Dobbiamo solo trovare l'energia per dirimerci dal soggiogamento di quella feccia tecnologica-culturale che nel tran tran quotidiano ci rende schiavi di un sistema corrotto che non lascia spazio alla creatività.

Dobbiamo smettere di essere misantropi nei confronti del pianeta Terra, che spesso consideriamo come un luogo astratto e non reale, pur essendo così vicino e tangibile.

Non dobbiamo perire al cospetto del mondo che, cambiando per colpa nostra, si incattivisce e non ci piace, lo dobbiamo a noi stessi e al nostro Creatore.

Dobbiamo tributare le cause che ci sembrano giuste, dobbiamo manifestare con più presenza le idee, le volontà, e abbandonare il tipico comportamento di chi si mette in una posizione di equanimità per il gusto di non volere avere delle responsabilità.

Cominciamo con il renderci disponibili, cominciamo a fare sforzi per dire basta all'orgia di petrolio, che ci dà agio di cui godiamo e problemi che ci affliggono, come gli attacchi terroristici alimentati dalle guerre per accaparrarsi questi giacimenti.

Io, e tanti altri miei colleghi, da molti veniamo apostrofati come degli scrittori apocalittici, di fantascienza, survivalisti immaginari, speculatori editoriali, che lanciano un nugolo di messi per profetizzare e prendere quattro soldi.

Ma non è così! Noi vogliamo ristabilire la capacità maieutica di ogni uomo.

Il puzzo di metano ammorbante è un problema per tutti, il nostro interesse è quello di sottolinearlo per spronare gli animi pensanti alla riflessione e nella necessità di trovare delle soluzioni.

Il principale carburante delle nostre conoscenze, quello capace di accelerare il progresso in modo oculato e proporzionato risiede nel bagaglio delle nostre conoscenze.

A volte ho la sensazione che la nostra sia un'epoca eminentemente atipica, sconnessa dalla realtà, dal passato e dal futuro.

Come se gli uomini di oggi non abbiano legami con quelli del passato, e così anche le loro idee siano scollegate e non frutto di una dipendente filiazione del loro trascorso.

Molti scienziati odierni si comportano come se la natura possa essere computerizzata.

A mio avviso questo approccio crea una dissacrazione nei confronti dell'ambiente stesso.

La natura non nasce virulenta, siamo noi che l'abbiamo resa tale.

Ma come gli uccelli hanno il dono delle Ali, capaci di renderli padroni del volo, noi abbiamo il dono della ragione, una ragione che muove intelligenza.

Probabilmente, nei prossimi anni il caldo diverrà sempre più torrido e insopportabile, gli uragani sempre più disastrosi, ma noi abbiamo la possibilità di seminare il cambiamento.

Riusciremo a levarci il velo dell'ebbrezza generazionale, il velo della noncuranza per metterci a servizio dell'ecologia intelligente?
Riusciremo a trovare il modo per interagire in sistemi computerizzati sempre più difficili da comprendere e che non richiedono mai la nostra partecipazione?
Riusciremo a trovare i mezzi per diventare ecotecnologici evoluti, capaci di ristrutturare le dimore di tutti gli esseri viventi, e di porre fine alle pecche di gestione-natura dei nostri predecessori?

Capitolo 4

Il sognatore delirante

Quando sono innamorato è difficile descrivere la sensazione che provo dentro il mio corpo.

È come avere una specie di tumulto interiore che si amplifica all'infinito e che riesco a percepire specie nei momenti in cui mi sdraio sul letto e guardando il soffitto la vista si annaspa.

E quando mi addormento pensando all'Amore, con quel brivido nello stomaco insidiatosi poco sopra l'ombelico, è come se prendessi la metropolitana per entrare nel girotondo sottocutaneo dell'essenza della mia vita.

È come un viaggio alla ricerca della porzione di spazio dove nascono le emozioni.

Ecco che fuori dalla dimensione mondo reale, nel sonno immagino sempre di avere una sfera di cristallo e di pronunciare la stessa frase, un'abracadabra che apre il sipario della mia opera teatrale.

Forse una frase magica di una lingua sconosciuta che biascico per preparare la carrozza e partire, per aprire le danze del mio significato di anima: «Kuito Konius Ginius»

Si accendono repentinamente le luci dovunque, percepisco mille flash, poi si spengono altrettanto rapidamente, e mi sembra di essere in un cinema, non più in un teatro.

Rimango qualche secondo nell'oscurità, poi la luce tremula di un obiettivo inizia a trasmettere delle immagini su una parete.

Immagini con delle scritte incomprensibili che non ricordo.

Credo però siano degli agoni poetici contro delle teorie filosofiche evolutive sbagliate che esistono nella vita terrena.

Salgo tornando sul proscenio, iniziano delle esibizioni di figure strane, bianche simili a dei fantasmi, a delle anime smarrite, intrappolate.

Sono cosciente nell'assistere allo spettacolo e so che al mio risveglio avrò ricordi vaghi, sbiaditi. So che non potrò portare a termine il mio compito, la mia agnizione.

Ma parlo con quegli esseri, ma non so cosa dico, le parole sono troppo cabale.

Qualcuno mi tende la mano e l'afferro, tutto scompare e sono dentro una sfera blu, il colore della tristezza, circondato da miliardi di stelle.

C'è uno specchio, vedo il corpo diventare più esile e lungo, gli occhi diventare neri, la pelle colorarsi di grigio chiaro.

All'improvviso scorgo da dove sono la Terra, ma dopo qualche secondo vedo un'esplosione su di essa, probabilmente la deflagrazione di un ordigno nucleare.

Ottenuto quell'aspetto, in compagnia di quegli esseri mi sento bene, non provo nessuna sensazione, come se avessi raggiunto uno stato di completezza di tutti i tempi passati ma esistiti, una triade di sentimenti celebrati e venuti da un'epoca lontana.

Quell'inappagabile vortice che è un belato pulsante nel mio cuore, e una sensazione di défaillance affettiva, non c'è più e non mi manca.

Non riesco più a capire il genere sessuale, perché non è contemplato.

In quel momento ho la percezione che il mio backup di memoria si sia svuotato. Non ho nessun ricordo, non ho nessun pensiero: ho la comunione dei sensi.

Si avvicina una stella, almeno credo, perché c'è tanta luce, assume varie forme, ne riconosco solo poche: la prima è un delta, poi un sessantatré, e infine un cerchio.

Mi ritrovo di nuovo sulla Terra, in un deserto, guardo il cielo e vedo un'aquila poi stranamente fisso l'orologio ma non ricordo che ora è.

Non riesco a capire cosa succede, sento gran caldo e mi siedo sulla terra cocente a guardare il sole che sembra girare come una trottola.

Riesco a riscorgere l'aquila ma non capisco in che direzione stia andando, non riesco a seguire il suo volo radente e a stargli dietro, ma puntualmente a tratti ricompare.

Adesso riguardo l'orologio, fa un gran rumore, cerco di levarlo dal polso ma non ci riesco.

Ho l'impressione di essere entrato dentro il suo meccanismo, il ticchettio è assordante, cerco di tapparmi le orecchie, ma il suono è infernale e non posso fare che udirlo.

Scruto le lancette e il cerchio di numeri, mi viene uno strano dubbio.

Non riesco a trovare una spiegazione. Perché le lancette ruotano sopra il cerchio di numeri senza lasciare il segno?

Non so perché abbia questo pensiero e questa perplessità, ma sento il bisogno di capire perché, di trovare la soluzione.

Sono nella mia stanza, mi siedo sulla sedia della scrivania.

Comincio a scrivere: «Il volo radente di un uccello e il ticchettio di un orologio, sono caratterizzati dalle stesse proprietà imminenti della rotazione spazio-temporale. Essi non conservano tracce evidenti tangibili durante i loro spostamenti. L'avanzare delle lancette, e il planare dell'essere alato, producono solo degli effetti di movimento.»

Non comprendo il nesso di tutto questo lì per lì, credo che l'orologio quanto il volo di un uccello abbiano in comune delle proprietà simili al meccanismo temporale nel nostro universo.

Non so perché, ma ho la sensazione che abbia scritto su quel taccuino una specie di teoria immaginaria, ma non ne sono certo.

Ad un tratto, ho l'impressione di trovarmi dentro la mia mente, che trovo porosa, poi ritrovo tutti i miei ricordi.

Percorro quel sentiero, simile a una girella di neuroni, in un labirinto di cellule e di materia indifferenziata che ha delle proprietà psiche con il quale dialogo.

Un confronto di coscienza, dove il plasma e tutte le particelle che mi costituiscono hanno una volontà.

Ma pian piano, la mia coscienza terrena inizia a ribellarsi, sento dei sibili, e inizio a essere partecipe della lotta tra le armate del mio sonno e quelle della mia veglia.

Mi trovo in uno stato ipnopompico, nella mia testa dapprima mulinano i ricordi della mia vita terrestre, poi svaniscono nell'amnesia del mio stato di coscienza.

L'oscurità si infittisce sempre di più, e non vedo quasi più niente, e sento di aver perso l'àncora della lucidità.

Il sentimento pensante vuole archiviare l'intero episodio nello schedario delle esperienze spirituali rimaste insolute, ma qualcosa lo impedisce.

Inaspettatamente torna una luce vivida e mi ritrovo in una stanza piena di giocattoli, la maggior parte sono giocattoli che avevo avuto nella mia infanzia, ma che non possedevo più nella mia vita reale.

Una voce dice che è un inventario di giocattoli e posso prenderne solo uno.

Credo che solo uno tra tutti può aiutarmi a tornare a casa.

Comincio a essere nervoso e piango perché trabocco di impazienza e ho voglia di svegliarmi e di ritrovarmi a casa.

Di sopresa è lui che mi viene incontro, è Teddy il mio peluche che mi tende la mano.

L'afferro e mi sveglio.

Sono felice di essere tornato nella mia vita terrena, sono felice di non essere più avviluppato nel torpore.

Sono contento di sentire ancora quell'emozione che avevo perso, quel bisogno di affetto inappagabile nel vuoto delle mie viscere, quel richiamo all'Amore.

Mi sento però anche un po' strano, mi sento impantanato dentro una sensazione difficile da spiegare, come se fossi stato protagonista indiscusso del fragore cupo di un tuono che non ha eco.

Mi alzo, mi accorgo che è già notte, ho dormito l'intero pomeriggio.

Mi affaccio dalla finestra e scorgo una luna che rischiara la nebbia.

Resto fermo e immobile a contemplare il dolce chiarore del satellite buono fino al punto in cui la sua luminosità e il suo potere avranno diradato del tutto la foschia.

Capitolo 5

Il profeta

Sono sicuro ormai di aver aperto un oblò su un altro mondo, in un'altra dimensione.

Sono sempre più spesso in bilico in questo mio viaggio intergalattico, in bilico tra finzione e realtà, tra verità e follia.

Un bilico che mi tiene in sospeso sul baratro di un gioco di parvenza di controllo subliminale.

Ormai ho aperto un varco tra tutti i mondi in cui esisto, ho aperto una breccia tra me e loro.

I miei confini non hanno più limiti, ho superato ogni dimensione.

Ma non ho fretta di scoprire il nesso tra tutti i varchi che ho aperto.

Non ho interesse a raggiungere niente di più di quello che sono.

Non ho l'esigenza di essere qualcosa di più, non voglio addivenire alla scoperta di un senso nascosto dentro di noi.

Non voglio acquisire un risultato che mi porterebbe a essere più di quanto non sono già.

Mi sento come un'ape in un certo senso, so di poter destare in meno un potente pungiglione e so che usandolo potrei raschiare il fondo, perdere tutto me stesso e non solo il mio equilibro psichico.

Il riverbero della coscienza mi impedisce di osare fino in fondo, di sfidare la mia atemporale linea mentale.

Ho attivato tutti i sensi e i sensori. Razionalizzo tutti gli impulsi che trasmetto e li ricevo in un viaggio tanto immaginario quanto reale, un viaggio mistico come se fossi uno sciamano.

Tutte le volte che i miei sentimenti diventano tribolati, e che l'inverno delle delusioni delle mie passioni mi portano a raggrinzire: trovo conforto, rifugio e sostegno nel mio backup eidetico.

Continuo a peregrinare per trovare la mia identità cosmopolita nel sogno astruso di sogni a occhi aperti e chiusi.

Una profusione di immagini che scorrono in un proiettore che ha sede nel pantheon del mio subconscio.

Le passioni crollano in questo turbinio della mente, dentro questa aberazzione della mia conoscenza, perché in questa estensione i segreti sono insondabili, i destini impercettibili, le convinzioni offuscate.

In questo processo a me stesso, alla mia psiche, al mio raziocinio, al mio divagare oltre le onde dell'ovvietà, forse continuerò a restare solo un osservatore indiretto.

Perché in fondo non ho interesse a trovare più nessuna risposta che non contempli gli anatemi dell'amore.

Credo che sia solo l'osservatore a infondere la realtà al fenomeno osservato, giusto?

L'uomo probabilmente tra tutti i confini del firmamento non è affatto il perno di nessuno universo.

Noi uomini siamo speciali, proprio perché nei sentimenti abbiamo la proprietà dell'Araba Fenice.

E quando siamo piegati dall'angoscia e dal tormento riusciamo a reagire per rinascere, partendo proprio dai nostri screzi.

Ogni volta che il mio spirito mi trasporta in questo tunnel di quasar, il senso di mistero e incredulità mi pervade.

Mi muovo in questi scenari come se fossi sul filo del rasoio, e sempre in guardia, ma non agguerrito solo attento, vigile.

Non sono sicuro che gli esseri che accompagnano i miei sogni notturni siano visitatori dello spazio, ma sono sempre convinto che siano il prodotto accidentale della mia attività onirica.

Non so se prima o poi dentro queste visioni scruterò un personaggio capace di emergere dal magma del tempo e di imprimere in me una certa soluzione o una specie di controproposta al corso delle mie storie.

Il fatto di essere un sognatore però mi condiziona molto, perché in tutto questo cerco le chiavi capaci di aprire quelle serrature nelle quartine del tempo, affinché possa usarle per varcare le porte e scoprire l'antidoto tra i più potenti quello dell'antiterrorismo umano.

Il sibillino ed enigmatico gioco delle mie percezioni, non cesserà mai di esistere, mi condurrà sempre a ricercare dietro l'ignoto la scoperta.

Tenterò di ammantare tutte le verità in una corretta gnoseologia.

Noi Messaggeri amanti del volo, siamo solo degli uomini che possiedono un'estrema fluidità interiore.

Attraverso la nostra immaginazione, possiamo tuffarci nell'oceano per cavalcare le convinzioni e scorgere delle nuove lunghezze d'onda.

Possiamo sollevarci in volo per lanciarci come uno shuttle in un viaggio ermeneutico nel futuro.

Possiamo continuare a blasonare le nostre nefaste imprese e improvvide sorti.

Nelle nostre menti esiste una precognizione atemporale e asincrona che ci porta alla caccia del fato.

Noi riusciamo a entrare in un universo assoluto dove diventa inerme la legge causa ed effetto, perché l'incudine della nostra volontà qui risulta scollegata alla sua capacità di percezione.

Riusciamo a mescolare e a fondere passato, presente e futuro in uno stadio dentro una realtà transpsichica palesemente fuorviante.

I nostri archetipi ci permettono tutto questo, di spaziare, di volare dove vogliamo, di scorgere quello che più ci aggrada, e di essere e diventare chi desideriamo.

Solo così riusciamo a incontrare sulla terra, la nostra essenza divina superando la barriera della atemporalità.

Solo così possiamo continuare a cercare la tetra dimensione, luogo dove il tempo si squarcia per cedere posto all'eternità, luogo dove nasce l'Arte e la Vita.

Nel fulcro della nostra mente tutto è possibile, perché la coscienza e il nostro inconscio camminano di parti passo, si compenetrano in un abbraccio infinito che scioglie i confini fino a farli svanire.

Solo così possiamo essere in balìa delle nostre essenze vitali, solo così possiamo fingere di essere profeti indiscussi padroni del vaticinio.

Perché solo la reggenza dei filosofi è l'arma vincente per porre fine a ogni comprensione umana, per essere vicini alla creazione del Regno della Salvezza.

Perché sono sempre le figure ammantate di carisma e solitarie a rappresentare la massima espressione di libertà.

Sono loro che custodiscono il tridente della giustizia e che lo ergono tutte le volte che la dicotomia tra bene e male diventa pericolosa.

Noi siamo solo degli uomini che mandano messaggi di pace e amore.

Siamo degli uomini che sappiamo dissociare lo spazio intrapersonale da quello interpersonale.

Siamo delle persone alla ricerca del perché della vita attraverso delle avventure spesso a carattere mirabolante.

Perché siamo capaci di creare attraverso le esperienze più improbe esistenti al mondo.

La ghirlanda della vita si riesce a raggiungere soprattutto se si smette di avere paura della morte, perché solo così si acquisisce la consapevolezza di essere immortali.

Il più importante crocevia è dentro di noi, si identifica con il nostro glorioso retaggio che nel nostro Dna è il balsamo del sospiro vitale.

In ogni caso, la mia esperienza ultraterrena nella dimensione dove i sogni mi portano tutte le volte, per il momento la trovo fallimentare.

Sì, proprio così, perché io che sono prodigo di sentimenti non riuscirò mai ad accettare di raggiungere il nirvana da solo senza una persona accanto.

Sì, perché da quello che ho scorto la pace dei sensi è qualcosa di individuale, che si riesce a trovare nella piena riuscita e affermazione della propria individualità su tutto e tutti.

Un cammino dove non hai più più bisogno di essere sostenuto da qualcuno, dove l'appiglio per riuscire in una risalita sembra germogli in solitudine nel ganglio centrale dell'animo.

Ma sinceramente come uomo, espressione massima delle emozioni, non ho alcuna intenzione di lesinare gli affetti, di rinunciare alla semantica di Cupido, per oltrepassare il mio stato di natura terrestre.

Chi se ne frega. Andassero a fanculo.

Perché come umano, sono convinto che l'Amore è la ragione di vita più difficile da imitare, l'Amore che ti lega agli altri supera qualsiasi forma di redenzione, di espiazione del proprio animo.

Ecco perché noi Messaggeri siamo uomini, perché abbiamo una dote in più che risiede nel nostro cuore e nella nostra capacità di provare l'estasi della vita attraverso i nostri battiti felini e ardenti di felicità.

Perché l'Amore guarisce, è una terapia di per sé ai mali che abbiamo, irrompe il destino, evade i confini reconditi più proibitivi della conoscenza umana.

E nel frattempo ogni mattina continuo a svegliarmi con un respiro anelito, perché durante il sonno qualcuno cerca sempre di soffocarmi.

È una terribile sensazione, il mio cuore viene investito da un carrarmato. Il mio soffio palpita nei ventricoli, ma vorrebbe farmi esplodere.

Vivo ogni mattina lo stress di alzarmi dal letto con l'obiettivo di recuperare il fiato da uno sforzo enigmatico compiuto dormendo.

E madido di sudore, continuo ad avere ricordi sbiaditi dei miei viaggi notturni.
E tutto ciò, è per certi versi pure divertente, perché mi porta a essere quello che sono, uno scrittore o se preferite: un messaggero di un volo straziante e immaginario: «Un Corriere dello spazio sulla Terra».

Il puttaniere inconsapevole

Ma cosa è esattamente questa specie di prurito invisibile che ci pizzica lungo il canale del nostro piacere?

È un vuoto che non riusciamo a colmare, un vuoto che diventa frustrazione in alcuni momenti della giornata.

Un vuoto che si traduce dentro di noi in una bramosia sessuale da dover appagare per non dare fuori di senno.

Ma a volte cercare di appagare questa sensazione frutto di smanie sessuali quasi opprimenti con la persona che si ha accanto, non basta.

Non basta, soprattutto in quei momenti in cui condividere il proprio corpo con la persona che si ama diventa routine, un'abitudine coatta soprattutto nelle coppie tradizionali in cui si dà poco spazio alla fantasia di nuove pratiche figlie di orizzonti di scenari incandescenti.

Queste coppie finiscono sempre sull'orlo del baratro e il più delle volte cadono giù.

Sprofondano, perché hanno esaurito le loro riserve, perché non sono state capaci di adeguarsi a un cambiamento di metodo nel vivere la propria relazione sessuale, i propri momenti di piacere.

Sì, perché quando una coppia finisce, il più delle volte è per motivi legati alle prestazioni che con il tempo svigoriscono specie nel rapporto stile conservativo.

Eppure, se tutti i fidanzati abbandonassero gli stereotipi antiquati del classico amore a due che esclude a priori ogni potenziale coinvolgimento e scambio esterno, forse sarebbero meno cornuti. Si dovrebbe ridefinire la parola tradimento sul vocabolario. Sarebbero meno le storie che scoppiano e sarebbero di più quelle per sempre.

Quindi, può succedere che due innamorati dopo i primi periodi dove è sempre solo rose e fiori debbano affrontare la prova più dura: il male di sentirsi annoiati a letto.

Sì, esatto, proprio così, il sesso diventa noia, quando non ci sono aspettative e tutto diventa scontato.

Qual è l'antidoto?

Non ci sono cure particolari, non serve per venirne fuori una terapia di coppia adeguata, basta avere buona volontà e non smettere mai di venirsi incontro specie nelle esigenze legate al più debole.

Nella maggioranza dei casi si crea una vera e propria ansia di prestazione, ma non è quel tipo di apprensione che hanno gli adolescenti poco prima di vivere le loro esperienze.

È un tipo di ansia, più una acerrima nemica, in quanto si manifesta durante il rapporto, fino a farci implodere al termine di quella inutile lotta selvatica di finti orgasmi allo scopo di compiacersi.

Una lotta figlia dell'ipocrisia più prossima che a volte si conclude con la frase più banale che si possa dire dopo un rapporto: «Ti è piaciuto?»

La risposta è scontatissima, chi oserebbe ammettere di non avere provato soddisfacimento, ma il contrario? Ovvero che schifo.

Forse, solo io!

Sì, perché se si finge qualcosa che non c'è, muore tutto, e posso assicurare che è decisamente peggio.

È anche vero che l'uomo ha difficoltà nel condividere i suoi desideri ghiribizzosi con la propria lei in un rapporto sessuale.

Il problema è che alcune donne hanno poco autostima del proprio corpo già in partenza, sono quindi un po' complessate di loro e di natura, e per istinto una certa richiesta non programmata le sconvolgerebbe profondamente. A volte destabilizzandole.

Come risolvere questo problema?

Beh, la soluzione è a portata dei manuali erotici di ultima tendenza e generazione. Ma come riuscire a trovare il modo giusto per parlarne all'altra metà?

Non c'è una regola.

La sincerità ripaga sempre, almeno così dovrebbe essere.

In realtà sarebbe più semplice cercare fin dalle prime battute iniziali di stabilire un legame dove il confronto passionale si misuri decisamente fuori dalle coperte e prima di mettersi a letto.

La scelta migliore è questa.

Molte storie periscono per questa mancanza, se la vostra volete che duri in eterno, è questo il compromesso.

Un compromesso stuzzicante, a chi non attrae scendere a fondo in una conversazione a luci rosse?

E chi non volesse ricorrere a questi mezzi? Chi la pensa alla vecchia maniera? Mille auguri, sicuramente. Ma il rischio di scoprire dei tradimenti è sempre molto alto, un pericolo più deprimente rispetto a sentirsi dire di non essere stati bravi o nei casi migliori un granché.

Capitolo 7

Lo sceneggiatore ribelle

Paziente E. Terapeuta F.

F: «Perché mi sta minacciando?»

E: «Ho solo detto di avere una pistola nascosta. Non mi interessa se ha impegni dovrà ascoltarmi»

F: «Lei avrebbe bisogno di una confessione o di consegnarsi alla polizia, se queste cose che mi sta leggendo le ha fatte succedere davvero»

E: «Mantenga il segreto professionale. Stia zitto ora e mi faccia raccontare»

C'era una festa. C'era Vincenzo Fanna un padre disperato per la scomparsa di sua figlia che conversava con un legale.

L'avvocato Giorgio Morena gli disse che tutto era iniziato in quella maledetta festa di un 13 ottobre.

Carmelina, Toto e Marco mangiavano la pizza, mentre Gina e Claudio erano in ritardo. Carmelina era la testa gloriosa del gruppo, era gelosa da quando Marco pomiciava con Gina.

Marco: *«Ecco la prima ritardataria, alla buon ora Gina! Mettiti qui accanto a me!» disse dando colpetti sulla sedia. (Carmelina ghiacciò con lo sguardo Gina). «Sei di ritorno dalla palestra?» continuò.*

Gina: *«Sono stata allo Sporting Club, ho fatto una nuotata e un bagno turco», bofonchiò mentre si accomodava vicino alle sue gambe.*

Marco: «Amo il bagno turco, è la cosa più utile per smaltire lo stress. Ma ovviamente ci sei stata nuda?»

Toto capì che Carmelina era spazientita e disturbata, cercò di interrompere la loro conversazione. (Toto era innamorato di Carmelina, ma lei non ricambiava)

Toto: «Ragazzi, ma Claudio arriverà oppure no? Carmelina chiamalo e digli di portare subito il suo culo qua? Tiziana mi ha affidato il compito di tenerlo d'occhio fin quando non tornerà dal suo viaggio-Ashram»
Carmelina: «Mi dispiace, ma ho dimenticato il cell a casa. Comunque arriverà in ritardo come al suo solito!»
Marco: «Ma Gina, toglimi una curiosità. Ma nel bagno turco sia gli uomini e sia le donne stanno nudi nella stessa sala?»
Gina: «Certo che no! Ci sono sale separate, eccetto il sabato che preferiscono fare sessioni per coppie»
Toto: «Welcome era dello scambismo!»
Tutti fanno una risata, tranne Carmelina.
Marco: «Gina allora ci andremo di sabato? Da solo, mi farebbe troppo imbarazzo andarci! Sono timido» disse ammiccando.

F: «Senta non voglio più ascoltarla. Chiamerò la polizia!»
E: «Si sieda e ascolti, o la userò» rispose estraendo la pistola dalla giacca e puntandola al dottore.

Era sera un orologio segnava le ore 23.00 e la data del 18 ottobre 2014. Claudio stava correndo sul tapis roulant a casa con gli auricolari a tutto volume. Il suo cane Tom abbaiava per richiamare la sua attenzione giacché stavano suonando alla porta. Aprì dopo aver guardato dallo spioncino.

Claudio: «Ciao, che ci fai qua? Che cazzo vuoi fare con quella?»
(Venne colpito e ucciso)

F: «Ma cosa vuole da me?»
E: «Deve ascoltare» continuò a leggere dal suo Tablet, puntando la

pistola con la mano destra contro di lui, mentre con la sinistra appoggiata alla scrivania scorreva le pagine virtuali.

La radiosveglia segnava le ore 23.58 del 13 ottobre 2013. Toto era in pigiama, si stava sbarbando in bagno quando suonarono al citofono.

Toto: *«Chi è?»*
X: ....
Toto: *«Sì sono solo, Tiziana è ancora in viaggio, ma non cambia le cose non voglio vederti e non è il caso che ti faccia salire a quest'ora. Pensi di impietosirmi venendo qua?»*
X: ....
Toto: *«Il tuo modello preferito del cazzo, guarda che ero iscritto a farmacia!»*
X:.............
Toto: *«Quindi ci sarebbe una spiegazione a tutto, anche alla desomorfina che stai usando? Guarda che sei un piano per fare soldi voglio starne fuori. Ok Sali!»*
X:.....................
Toto aprì leggermente la porta per lasciarla socchiusa e permettere l'ingresso di X, nel frattempo ritornò in bagno, perché voleva darsi una aggiustata allo specchio prima di farsi vedere. Si sentì chiudere la porta.
Toto: *«Sono in bagno! Accomodati pure sul divano» urlò.*
Improvvisamente fu blackout, Toto spazientito cercò di fare luce con il cellulare recandosi al soggiorno.
Toto: *«Dove sei? Maledetto salvavita deve esserci un problema elettrico. Che diamine, quell'elettricista non ha risolto un accidenti. Salta la corrente sempre, anche solo se uso il rasoio! Ei, dove diavolo sei?»*
Appena aprì la luce X di spalle con una spranga lo colpì e cadde a terra.

F: «Ma dove vuole arrivare?»
E: «Deve ascoltare» riformulò, puntando sempre la pistola contro di lui.

La casa di Carmelina era bellissima. Una matita segnava una croce sul calendario sopra il 18 novembre 2014. Era trascorso più di un anno.

*Davanti a una cioccolata calda Carmelina Delli Carri e Vincenzo
Fanna (padre di Gina, la ragazza scomparsa) parlavano di Charlie
Crisante, il direttore di un Museo. Stavano aspettando Samuele
Scibetta, un investigatore privato che aveva deciso di aiutarli a
indagare...*

Carmelina: *«Pensi davvero che questo screanzato e attempato di investigatore faccia al caso nostro?»*

Vincenzo: *«Tentar non nuoce. Sta cercando di tenersi impegnato da quando
è in pensione. Non avrei i soldi per assumerne uno a pagamento!»*

Carmelina: *«Mi dicevi che l'hai conosciuto al processo»*

Vincenzo: *«Esatto!»*

Carmelina: *«Mah, è un uomo solo, anziano e alla frutta. Lavorava per
quello studio di investigazione sull'Appia, nonostante l'età fino a qualche anno
fa»*

Vincenzo: *«Non che te l'abbia mai detto, ma pare che non gli abbiano
rinnovato il contratto perché è invecchiato troppo e non era più efficiente. Mi
ha detto che il nuovo proprietario dell'agenzia è un porco e vuole solo investi-
gatrici, poliziotte e giornaliste a caccia di scoop nella sua troupe»*

Carmelina: *«Balle! Sarà decrepito per questo l'avrà mandato via. A me non
piacciono gli investigatori. Che diavolo ci servirà!»*

Vincenzo: *«Ti ricrederai. Ho fiducia in lui, ci aiuterà a mettere insieme i
pezzi del puzzle, a scoprire la verità che da quella maledetta aula di tribunale
non è uscita fuori»*

**Nello stesso istante suonarono al citofono: era Samuele,
l'investigatore appena arrivato, fresco dei suoi 70 anni.**

    F: «Mi lasci andare, la prego»

    E: «Deve ascoltare» riformulò puntando sempre la pistola contro di
lui.

Carmelina: *«Buongiorno, ben arrivato», disse aprendo la porta di casa e
facendolo accomodare»*

Samuele: *«Lei deve essere Carmelina, la pediatra?» chiese porgendole la
mano.*

Carmelina: *«Oddio, Vincenzo le ha pure detto cosa faccio nella vita. Ma* *diamoci del tu!»* rispose stringendogli la mano.

Samuele: *«Certo per il tu, ma le dispiace che sappia del suo lavoro?»* rispose mentre erano ancora fermi all'ingresso.

Carmelina: *«Ma certo che no. Vieni ti faccio strada, Vincenzo è in cucina»*

Vincenzo: *«Eccolo il nostro prezioso collaboratore! Accomodati!»*

Samuele: *«Sono incantato di questa accoglienza. Grazie mille!»*

Vincenzo: *«Te lo meriti. Nessuno mi sta aiutando, sei l'unico che ha scelto di farlo. Non sei solo un investigatore in pensione, ma un uomo di cuore»*

Samuele: *«Sono proprio contento che l'assoluzione di Caronte non ti abbia bloccato a continuare le ricerche!»*

Vincenzo: *«Carissimo, Gina è la mia unica figlia. Oggi è un anno e un mese che è scomparsa. Sono sicuro che è viva e che è in pericolo»*

Samuele: *«Vincenzo, facciamo il punto della situazione. Posso farti delle domande e registrarle?»*, chiese sfoderando dalla sua borsa il Tablet e poi un registratore portatile.

Vincenzo: *«Certo! Dobbiamo scoprire dove si trova!»*. Seguì un colpetto di tosse da parte di Carmelina che li interruppe.

Carmelina: *«Samuele, posso offrirti una tazza di cioccolata calda? O desideri altro?»*

Samuele: *«Gradirei tanto la cioccolata, ma sono a dieta. Se puoi farmi un caffè, molto volentieri. Amaro!»*

Carmelina: *«Certo, giusto il tempo di farlo. Continuate pure la vostra conversazione!»*

Samuele: *«Sì, ma vorrei farti anche delle domande. Mi sembra di capire che hai proprio deciso di essere dei nostri?»*

Carmelina: *«Samuele, ho testimoniato contro Caronte. Tutto quello che avevo da dire, l'ho fatto al processo. Peccato che la mia testimonianza non è servita a nulla»*

Samuele: *«Ti vedo turbata, come mai?»*

Carmelina: *«Beh, la verità è che mi sento in colpa. Quando Toto consigliò a Gina di posare per lo scultore ero con loro. Se solo l'avessi avvisata»*

Samuele: *«Avvisarla di cosa?»*

Carmelina: *«Mi vergogno a dirlo, ma anche io ho fatto da modella a Caronte sempre su invito di Toto. Pagava una miseria e in ritardo. Mi servivano soldi. La fondazione in cui lavoro è in crisi e paga gli stipendi con un ritardo di sei mesi. Le stavo provando tutte per racimolare soldi e pagare l'affitto»*

Samuele: *«Quanto esattamente? E per quanto tempo?»*

Carmelina: «Pagava 100 euro a posa. L'ho fatto per qualche giorno in un mese. Mi dovrebbe perfino dei soldi, ma che importa. Non so come abbia fatto a resistere. Mostrava segni evidenti di squilibrio. Ero intimorita a stare nuda nel suo studio, poi pensavo che molti artisti sono strani e mi tranquillizzavo. E inoltre, il fratello Guendalino è stato sempre gentile ed educato con me. Mi fidavo di lui, per questo ci sono tornata le altre volte»

Samuele: «Sai dirmi, quanto tempo prima di Gina hai posato?»

Carmelina: «Credo sei mesi prima di lui. Di certo, non immaginavo.. è solo un killer spietato, accidenti a me, a non averlo capito subito!», continuò scossa e con le lacrime agli occhi. «Scusami, ho bisogno di un momento» si allontanò dalla stanza, mentre Vincenzo la guardò dispiaciuto.

Samuele: «E' sicuramente turbata, sai ho l'impressione che lei avesse un debole per Toto, da quello che ho saputo erano molto amici» sussurrò vicino il suo orecchio.

Vincenzo: «Non ci avevo pensato. In ogni caso, spero che Gina sia viva. Spero che sia solo una coincidenza la sua scomparsa con la morte di Toto e degli altri, ma non voglio illudermi però»

Samuele: «Vincenzo, tre cadaveri e due ragazzi scomparsi e quasi tutti di loro hanno posato per Caronte, dobbiamo attenerci ai fatti. L'avvocato di Caronte è stato un osso duro, non c'erano prove sufficienti, le tracce di DNA trovate sul cadavere di Toto non l'hanno inchiodato. Caronte aveva un alibi di ferro, era a casa con Guendalino e stava parlando al telefono con Giacomino, l'impiegato del Museo, nell'ora in cui è stato ucciso Toto. E poi non ha senso che il giorno prima del processo i testimoni in sua difesa vengano uccisi, questo ha giocato a suo favore»

Vincenzo: «Sì, però perché diavolo nella mezzanotte del 13 ottobre Giacomino avrebbe dovuto chiamare Caronte? Sembra qualcosa costruita di proposito!»

Samuele: «Devo dire la verità, sembra quasi che qualcuno volesse far incolpare lo scultore. Sono stati trovati i suoi capelli sul cadavere di Toto. E se qualcuno glieli avessi messi di proposito? In più, perché far uccidere il 18 ottobre i testimoni della difesa il giorno prima della loro deposizione? Avrebbero detto qualcosa in favore di Caronte. Il colpevole è sicuramente fuori e non so se è collegato con il mentecatto»

Vincenzo: «Non sono affatto d'accordo Samuele! Caronte era al telefono con Giacomino, ma non credo che Guendalino fosse con lui in casa»

Carmelina: «Perché mai suo fratello avrebbe avuto interessi a uccidere Toto,

il suo modello preferito e far scomparire tuo figlia e Marco?»
Vincenzo: *«Per gelosia? Che sappiamo di questa uomo? E magari ha ucciso o fatto uccidere i testimoni della difesa, perché sapeva che non avrebbero potuto dire qualcosa di utile per discolparlo. E se fossero stati trovati morti, come è successo, avrebbero appunto spostato l'attenzione all'esterno quando invece il killer era già stato preso! E poi Claudio e Tiziana erano amici di Toto e Gina, ma loro non avevano posato per Caronte»*
Samuele: *«Depistaggio per incasinare le cose? Effettivamente qualcosa non torna, sono combattuto una parte di me crede nella colpevolezza di Caronte, uno stratega che nella sua pazzia artistica sia riuscito ad articolare il tutto al meglio? Un'altra parte di me crede che qualcuno lo abbia usato per fare un lavoro sporco. Guendalino avrebbe potuto simulare con due telefoni la presenza di Caronte in casa. Avrebbe potuto mettere la chiamata di Giacomino in vivavoce dal cordless del numero fisso, per poi chiamare da Internet un altro numero magari intestato a un terzo su cui c'era in linea Caronte»*
Vincenzo: *«Beh! La gente del paese li considera degli uomini primitivi! Non so se possano essere stati così astuti! E poi sarebbe stato comunque tutto tracciabile credo. Comunque riusciremo a stanare il colpevole»*

F: «Mi lasci andare, la prego»
E: «Deve ascoltare» riformulò puntando sempre la pistola contro di lui.

Vincenzo e Carmelina stavano prendendo un tè in un bar del centro di Roma.

Vincenzo: *«Come mai questa espressione triste? La clinica della fondazione ti sta pagando gli stipendi?»*
Carmelina: *«Ci paga gli stipendi in ritardo di 6 mesi. E a volte i ritardi si accumulano e questi 6 potrebbero diventare anche 8 e poi 10. È una situazione difficile. Si parla di esuberi!»*
Vincenzo: *«Guarda nella mia palestra, non si guadagna molto, però se hai bisogno di un piccolo prestito conta pure su di me!»*
Carmelina: *«Grazie mille, ho aperto un fido in banca giorni fa, speriamo di non superarlo!»*
Vincenzo: *«Mi dispiace! Volevo dirti che Gina mi ha sempre parlato bene di te, credo che lei abbia scelto di studiare medicina perché ti vedeva come un*

esempio da seguire»

Carmelina: *«Era la più giovane della comitiva. So che stava avendo problemi come tutte le matricole e gli studenti ai primi anni, e volevo aiutarla con le materie più facili»*

Vincenzo: *«Non parlare di lei al passato. Sono certo che lei sia viva! Vi ha fatto conoscere Toto, giusto?»*

Carmelina: *«Scusami, non la vedo da tanto tempo per questo ho usato il passato. Sì, è stato lui a presentarci! Vedi che ti ho mandato una mail con tutti i nomi dei modelli che hanno avuto a che fare con Caronte. Girala tu a Samuele, con lui voglio avere meno rapporti possibili, non mi piace, lo trovo invadente e poi puzza di vecchio!»*

Vincenzo: *«Mi dispiace, molto che pensi questo di lui! Credo sia solo un po' sulle sue per la professione che fa, ma fetore a parte è un brav'uomo»*

Carmelina: *«Solo gli stupidi non cambiano idea, spero mi farà ricredere allora!»*

Vincenzo: *«Posso farti una domanda privata?»*

Carmelina: *«Certo che puoi!»*

Vincenzo: *«Ma tu e Toto eravate semplici amici?»*

Carmelina: *«Mi fa troppo male parlare di lui. Preferirei evitare l'argomento se non ti dispiace! Sono ancora turbata»*

Vincenzo: *«Scusami, non volevo! Ma perché non vieni con me, tra poco vedrò Samuele, pare abbia novità!»*

Carmelina: *«Ho il turno in clinica tra poco, anzi devo scappare!»*, si alzò e lo salutò frettolosamente con aria innervosita. Andò a pagare il conto, lasciando Vincenzo allibito e perplesso. Questi, si era pentito di aver chiesto di Toto.

F: «Dai, dopo di lei, sono libero. Sei il mio ultimo paziente»

E: «Deve ascoltare. Prenda il Tablet, continuerà lei la lettura» gli urlò puntandogli contro la pistola.

Samuele e Vincenzo stavano conversando in merito al Caso Caronte, nel soggiorno di casa dell'investigatore. Sul tavolo c'erano le foto degli omicidi.

Samuele: *«Più guardo queste foto e più non capisco come possa essere libero il responsabile di tutto questo!»*

Vincenzo: *«Sai oggi ho chiesto a Carmelina di Toto. Per spronarla a condivi-*

dere con me del loro rapporto, ma non ha voluto rispondere ed è andata via bruscamente»

Samuele: «Cosa intendi? Sospetti di lei?»

Vincenzo: «Certo che no! Perché dovrei? Solo che probabilmente hai ragione tu, tra di loro c'era del tenero!»

Samuele: «Carmelina in fase processuale ha presentato dichiarazioni contro Caronte, conosceva Gina, Toto e molti modelli che hanno posato per lui. Secondo me ne sa molto di più di quello che fa sembrare»

Vincenzo: «Ma come fai a sospettare di lei? Per amor del cielo. Non possiamo avere sospetti su di noi. Lei ha sempre collaborato con la polizia, non credi che se avesse saputo di più o se fosse entrata nella lista dei sospettati dal commissariato sarebbe trapelata la notizia?»

Samuele: «Proverò a informarmi a riguardo. Accidenti che impasse, tre cadaveri, due scomparsi, pochi collegamenti e un maniaco in circolazione! Guarda anche tu le foto ecco questo è Toto, questo è Claudio, e questa è Tiziana tutti loro uccisi a sprangate. Orribile, ma questo mi fa pensare che tutti conoscevano l'omicida»

Vincenzo: «Oh mio Dio! Tu credi sia stata Carmelina!»

Samuele: «È troppo presto per dirlo, ma credo solo che ne sappia di più. Credo che nascondi qualcosa. E soprattutto credo che sia molto possibile che uno dei modelli di Caronte abbia agito da sicario per suo conto. E da quel che sappiamo Carmelina è stata in posa, quindi potrebbe sapere o farci arrivare al vero carnefice!»

Vincenzo: «Scusami Sam se mi permetto, ma per me sei fuori strada. Ho letto i nomi dei modelli che mi ha mandato Carmelina per mail, li ho cercati su facebook, sono tutti brave persone, non avrebbe senso fare tutto ciò, non sarebbero neppure capaci secondo me. Credo sempre nel coinvolgimento del fratello Guendalino. E poi anche l'idea che Caronte abbia pensato di pagare qualche sicario, ma esterno è da tenere in piedi»

Samuele: «Stiamo già traendo delle conclusioni affrettate, indaghiamo! A Rocca di Papa tutti credono che sia colpevole. Caronte e Guendalino hanno pochi amici e sono considerati tipi strani. E Inoltre non dimentichiamoci di Charlie!»

Vincenzo: «Intendi il direttore del Museo?»

Samuele: «Esattamente, ho saputo da fonti attendibili che era un tossicodipendente. È uscito l'anno scorso da un centro di recupero. Aveva accumulato debiti con gli usurai. Magari è una sua strategia per fare soldi e pagarli. Da quando Caronte è stato indagato ad oggi, le statue che vende per suo conto oltre ad aver triplicato la quotazione sono messe all'asta puntualmente. L'ultima è stata piazzata a 15 mila euro!»

Vincenzo: «Sì, ho letto gli articoli in merito, tutti vogliono le sculture dei modelli del demonio. Viviamo in una società malata! Le sciagure diventano dei luna park!»

Samuele: «In ogni caso, dobbiamo riconsiderare la pista avvocati»

Vincenzo: «L'avvocato della difesa è sparito. Voci di corridoio lo danno per malato. Il pm invece sembra inavvicinabile. Al telefono del suo studio privato non risponde mai nessuno, devo insistere per avere un appuntamento, prima o poi l'avrò!»

Samuele: «Sì, stava lavorando su un altro caso importantissimo, credo abbia detto di proposito alle segretarie di non rispondere alle chiamate. Sicuramente a breve però dovrà riprendere i suoi contatti d'ufficio!»

Vincenzo: «Riproverò!»

Samuele: «Guarda, ho ingaggiato due collaboratori, un criminologo fresco di studi e uno psichiatra, avevo bisogno di avere altro supporto da solo non riuscirei più a gestire il tutto»

Vincenzo: «Ti ringrazio se solo avessi disponibilità economiche contribuirei!»

Samuele: «Non ti preoccupare! Ne vale la pena! Scopriremo la verità e manderemo questo killer dietro le sbarre, fosse l'ultima cosa in vita che faccio»

F: «Mi lasci andare»
E: «Continui o le sparo»

Samuele incontrò il criminologo e lo psichiatra ingaggiati per avere un aiuto professionale.

Raffaele (Criminologo): «Eccoti Samuele! Lui è Silvio lo psichiatra di cui ti parlavo!»

Silvio (Psichiatra): «Sono onorato di conoscerla!»

Samuele: «Piacere mio. Dammi del tu!». (Si diedero una stretta di mano)

Raffaele: «Samuele, quindi domani andremo dal portiere della casa studenti?»

Samuele: «Sì esatto! Ma siate pronti, non sarà una passeggiata, cercare di avere informazioni a riguardo, la gente è reticente, seccata, annoiata dal Caso

Caronte. Se n'è parlato troppo, e se ne parla. In più ha paura, c'è ancora uno spietato serial killer in circolazione. Tutti vogliono starne fuori»

Raffaele: «Comunque, credo Caronte sia innocente veramente. Claudio, il fidanzato della coinquilina di Toto, e Tiziana, la sua coinquilina sono morti entrambi il 18 ottobre il giorno prima della loro testimonianza. Non può essere stato lui»

Samuele: «Sì, Claudio e Tiziana sono stati uccisi quella sera in cui non erano insieme. Quindi l'assassino deve essere un loro amico. Per me il magistrato ha fatto un pessimo lavoro con le forze dell'ordine. Personalmente ai testimoni avrei dato una scorta il giorno prima del processo. E poi chissà cosa avrebbero dovuto dire?»

Raffaele: «Ma quella Carmelina amica di Toto e Gina? A me non la racconta giusta affatto!»

Silvio: «Neppure a me!» fece eco.

Samuele: «No è pulita! Sono riuscita ad avere informazioni su di lei. Non chiedetemi come e da chi, altrimenti dovrei uccidervi poi. AAAAH! AAAAH» (Sorridono Samuele e Raffaele, mentre Silvio rimane perplesso).

Raffaele: «Quindi, non c'entra nulla?»

Samuele: «Sembra proprio estranea ai fatti. Ho saputo che il gps del suo telefono e il suo computer erano in casa quando sono stati uccisi tutti i ragazzi e pare che fossero in lavorazione. Quindi come avrebbe potuto?»

Silvio: «Se furba avrebbe potuto lasciarli in casa a una persona fidata con la richiesta di tenerli in attività»

Samuele: «No! Diciamo che l'abbiamo vista molto affranta. Forse era innamorata di Toto, o comunque aveva affetto per lui. In più sta aiutando. Non credo c'entri con le morti. Forse è solo un po' strano, gli muore l'amico, scompare la sua amica e al lavoro non gli pagano lo stipendio da parecchi mesi. Ma il colpevole va ricercato altrove!»

Raffaele: «E sì, vedremo.»

F: «Posso smettere ora?»
E: «Continui o le sparo»

Vincenzo incontrò Carmelina a casa sua, si sedettero sul divano, lui chiuse la tv.

Carmelina: «Vincenzo per me dovresti fermarti un po'. Ti stai esaurendo a stare dietro a questa vicenda come amica devo avvisarti»

Vincenzo: «Ti ringrazio, mi verrà pure un esaurimento nervoso, ma devo parlare con l'avvocato. Non so dove sia, ma lo troverò e dovrà dirmi cosa avrebbero dovuto dire i testimoni uccisi, fosse l'ultima cosa che faccio prima di impazzire del tutto»

Carmelina: «Non mi piace proprio questo atteggiamento! Dovresti rilassarti. Capisco la rabbia. Dobbiamo accettare anche l'ipotesi che non tornerà più»

Vincenzo: «No Carme! Non privarmi della speranza di ritrovarla. Sono un padre che si aggrappa a questa piccola possibilità per trovare ancora un motivo per vivere»

Carmelina: «Vincenzo è passato più di un anno e di lei e di Marco nessuna notizia. Vorrei solo che considerassi l'ipotesi che non la rivedrai mai più»

Vincenzo: «Ma perché dici questo oggi?»

Carmelina: «Lo dico per il tuo bene, impazzirai dietro questo dramma. La verità forse è più semplice di quella che pensiamo, Caronte l'ha fatta franca, ma il vero criminale è lui, ed è ancora libero di costruire le statue, partendo dai poveri modelli che incappano in lui. E quel maledetto Charlie, è solo un direttore di un Museo privo di scrupoli, gli manda i modelli non curandosi del pericolo che gli fa correre. Espone e vende le sue sculture senza avere etica»

Vincenzo: «Chi ti ha detto che è lui a procurargli i modelli?»

Carmelina: «Chi altro potrebbe essere? Tutti si tengono lontani da quella casa, eppure Caronte crea ancora corpi nudi e pieni di cicatrici. La perversione di un artista che vede nella morte, nei segni delle ferite una specie di santificazione dell'umanità? L'espiazione delle colpe!»

Vincenzo: «A me le sue sculture non piacciono. Sembrano zombie imbalsamati!»

Carmelina: «Ma sì, ama il gusto dell'orrido. Dopo che mi sono denudata mi ha riempito di creta e un altro impasto modellante per creare imperfezioni sulla mia pelle. Mi ha messo anche della crema all'argilla credo. Doveva rendermi una figura spettrale»

Vincenzo: «Oh mio Dio?»

Carmelina: «E se solo sapessi…ma voglio risparmiati dettagli scabrosi»

Vincenzo: «No, non proteggermi dalla verità. Voglio sapere tutto. Ti prego!»

Carmelina: «Beh, quando ero in posa notavo che spesso si toccava. Poi si prendeva molte pause, mentre restavo lì in stanza»

Vincenzo: «Provava eccitazione nel vederti in quelle condizioni?»

Carmelina: «Credo proprio si masturbasse nel bagno adiacente allo studio!

Una cosa disgustosa!»
Vincenzo: *«Ma questo non l'hai detto al processo?»*
Carmelina: *«Ma, avevo vergogna e credevo fosse ininfluente!»*
Vincenzo: *«Vergogna di cosa?»*
Carmelina: *«Perché ho posato più volte, sapendo che fa ste cose!»*
Vincenzo: *«Capisco…»*

F: «Posso interrompere un attimo?»
E: «Continui o le sparo»

Charlie si recò alla villetta dei fratelli, una struttura un po' fatiscente dove vivevano Guendalino e Flaminio, lo scultore. Trovò Guendalino in giardino che stava facendo la salsa, metteva le bottiglie di pomodoro nel bollitore.

Charlie: *«Buongiorno!»*
Guendalino: *«Buongiorno! Finalmente si fa vedere»*
Charlie: *«Le ho portato un anticipo!»*, esclamò estraendo dalla borsa una busta da lettere bianca che gli porse.
Guendalino: *«Vediamo un po'»* rispose afferrandola.
Charlie: *«Purtroppo è quello che sono riuscito ad avere subito in contanti!»*
Guendalino: *«Sta scherzando? Qui ci sono solo mille euro lei ha venduto tutte le statue! I suoi modelli sono diventati esigenti adesso pretendono 250 a posa, lo sa questo vero? E li vogliono da noi, non da lei»*
Charlie: *«Beh sì, consideri che vi mando sempre quelli che chiedono meno. Ma Caronte dove è?»*
Guendalino: *«Lo chiami Flaminio. Sta di sopra, sta lavorando con dei modelli»*
Charlie: *«Ma oggi tutti i modelli erano impegnati!»*
Guendalino: *«Ne abbiamo trovato altri e a titolo gratuito. Quindi mi sa che può smetterla di procurarceli! E magari le statue le venderemo su ebay o le daremo a qualche altro Museo delle persone viventi»*
Charlie: *«Ma come? Non vi fidate più di me?»*
Guendalino: *«Glielo ho detto, ce li portano gratis»*
Charlie: *«Chi ve li porta?»*

Guendalino: «Cosa sono tutte queste domande. Lei ci deve portare i soldi. Non creda di poterci prendere in giro. Dio solo sa che succede agli imbroglioni!»

Charlie: «Guardi, le prometto che la prossima volta cercherò di portarne di più»

Guendalino: «Si dia una regolata, altrimenti contatteremo un altro direttore di Museo o qualche gallerista che non solo apprezzi le sculture di marmo, ma che ce le paghi anche bene! Sa quanti chiamano ogni giorno per averle!»

Charlie: «No! Non si preoccupi verrò presto con altri soldi. Ma posso vedere i nuovi modelli?»

Guendalino: «Assolutamente no! Sa benissimo che Caronte come dice lei, quando è al lavoro va in ecstasy e non vuole nessuno a fianco!»

Charlie: «Si ricordi che quando ancora le sculture non si vendevano, ho sempre creduto nei suoi lavori e ho sempre cercato di aiutarvi. Vorrei un po' di riconoscenza»

Guendalino: «Quando ci darà i soldi che meritiamo, anziché intascarseli lei, le faremo una statua. La sua riproduzione in marmo come regalo di Natale! So benissimo come vanno queste cose. Sia onesto e la smetterò di avere questo atteggiamento di sfida nei suoi riguardi. Mi dica la verità! Dove sono i nostri soldi?»

Charlie: «Ho avuto dei problemi e li ho usati per pagare dei debiti personali. Mi dispiace per questo, ma ho bisogno di avere nuove statue, meglio se femminili»

Guendalino: «Oh Signore, prima il processo adesso questo. Dio sta mettendo a dura prova la mia pazienza. Senta, si prenda il tempo che le serve ma vogliamo più soldi. Avrà altre sculture, ma questa è l'ultima chance che le offro, si regoli di conseguenza!»

Charlie: «Grazie mille. Non vi deluderò!»

Guendalino: «Lo spero per lei, altrimenti mi affiderò alla vendita online o altre persone e la denuncerò alle autorità per appropriazione indebita»

F: «Devo fare pipì. Posso lasciare un attimo?»

E: «Continui o le sparo. Un po' di auto pissing non fa male a nessuno»

Jessica Loscavo la madre di Marco, incontrò Charlie al Museo. Anche lei alla ricerca della verità, visto che suo figlio era scompar-

so da più di un anno e anche lui aveva posato per lo scultore.

Charlie: «Signora Loscavo a quale scultura è interessata?»
Jessica: «Beh, tutti al momento vogliono queste statue macabre, questa specie di caricature mostruose tratte da persone viventi! Queste opere figlie del Demonio»
Jessica: «Del Demonio? Non faccia retorica o religione qui dentro c'è solo Arte»
Jessica: «Mi riferisco a quelle di Caronte»
Charlie: «Le abbiamo finite tutte. Stiamo aspettando le nuove!»
Jessica: «Non si vergogna a vendere le statue di un assassino?»
Charlie: «Ecco dovevo aspettarmelo che prima o poi sarebbe venuta qualche giornalista. Avevo chiesto a Gisella di stare guardinga nel fissarmi gli appuntamenti. Mi vuole dire chi è veramente?»
Jessica: «Non sono affatto una giornalista. Sono la madre di Marco. Il ragazzo scomparso, da più di un anno!»
Charlie: «Ah sì! Marco e Gina i ragazzi scomparsi da oltre un anno! Come posso aiutarla?»
Jessica: «Lei ha sicuramente notizie di Caronte che potrebbero essermi utili alle ricerche!»
Charlie: «Ancora? Credere che Caronte sia colpevole. C'è stato un processo che l'ha reso innocente e come ho già detto, la sera che è morto Toto, Flaminio era al telefono con un mio impiegato. Lo voleva convincere a organizzare una mostra esclusiva, ma non ci riuscì!»
Jessica: «Lei lo sta coprendo! Si dovrebbe vergognare, sfruttare il dolore delle persone per giovarne economicamente!»
Charlie: «Ma come si permette. La scomparsa di suo figlio non le dà il diritto di venire qua a farmi la morale. Non accetto lezioni da lei e da nessuno. Lei non mi conosce. Io faccio un lavoro onesto e Caronte è un artista solitario, triste, malinconico che plasma le imperfezioni della vita per vincere la paura che ha della morte. Nessuno lo capisce come me. Non conosce neppure il suo passato, scommetto… Adesso per piacere la prego di andarsene!»
Jessica: «Non prima di averle detto che per me è una persona orribile!» urlò e poi gli lanciò uno sputo in faccia.
Charlie: «Gisellaaaaaaaaa! Gisellaaaaaaaaaaaaaaaa!», gridò prendendo un kleenex per pulirsi il viso con aria di superiorità.
Gisella: «Cosa succede?» chiese preoccupata la segretaria.

Charlie: *«Accompagni subito questa scapestrata via dallo studio e fai in modo che non ci metta più piede o saremo costretti a chiamare la vigilanza la prossima volta»*
Jessica contrariata, ma anche resasi conto di aver esagerato, si lasciò trasportare fuori dal garbo di Gisella.

F: «Finirò con il pisciarmi addosso. Posso andare in bagno?»
E: «Continui o le sparo. Un po' di piscio profumerà il suo studio»

Vincenzo era nella camera di Gina quando prese il cellulare e decise di chiamare lo studio del PM Lorenzini.

Vincenzo: *«Non c'è possibilità di anticipare l'appuntamento?»*
. . . .
Vincenzo: *«Va bene, allora confermiamo per venerdì alle 11.00»*
. . . .
Vincenzo: *«Sì! A nome di Fanna. Buona giornata».*

Aprì l'armadio del figlio con aria nostalgica. Scrutò una foto sulla scrivania in cui Gina era insieme a un amico, un ex compagno di scuola. Decise di incontrare quel ragazzo.

F: «Mi scappa la pipì. Ho la vescica piena!»
E: «Continui o le apro il cervello. Si pisci addosso»

Vincenzo incontrò Giulio, il ragazzo della foto.

Giulio: *«Vuole che prepari una tazza di tè verde?»*, disse sorseggiando una lattina di coca cola.
Vincenzo: *«Sono a posto così. Volevo giusto farti delle domande!»*
Giulio: *«Certo, anche se non credo di poterla aiutare molto!»*
Vincenzo: *«Non c'è nessuno in casa, lo chiedo giusto per avere una conversazione intima!»*
Giulio: *«Sono solo, il mio coinquilino è a lezione!»*

Vincenzo: «Stavo guardando una foto di te e Gina ieri e oggi qualcosa mi ha portato qua per chiederti se hai novità a riguardo!»
Giulio: «Signore mi dispiace per il suo dolore, ma forse dovrebbe rassegnarsi, come abbiamo fatto tutti!»
Vincenzo: «Sei il miglior amico di mia figlia e hai già perso ogni speranza. Hai abbandonato le ricerche. La voglia di ritrovarla?»
Giulio: «Signore, guardi che eravamo migliori amici al liceo poi lentamente il nostro rapporto si è raffreddato. Le volevo bene, ma la mia vita va avanti anche senza di lei! Non posso indagare, non sono un investigatore e soprattutto ho gli esami da preparare! Se ne faccia una ragione»
Vincenzo: «Non posso credere a quello che sto sentendo. La hai già dimenticata. Gina non è morta, ha bisogno del nostro aiuto»
Giulio: «Signor Vincenzo! Non riuscirà a farmi sentire in colpa. È passato più di un anno. Ho fatto il possibile nei mesi a seguire per avere informazioni, per starle vicino, ma ora ne voglio stare fuori. E poi lei avrebbe dovuto stare più tempo dietro sua figlia! Pensa che la possa aiutare, ma lei è suo padre, lei dovrebbe saperne più di me!»
Vincenzo: «Cosa vorresti dire. Non capisco! I genitori e i figli hanno rapporti difficili. Spesso si preferisce confidarsi con i propri amici. Per questo sono qua!», lo sfidò con lo sguardo.
Giulio: «Se vuole venirmi a trovare può farlo quando vuole, ma lei lo fa perché spera che io possa aiutarla. Non è così. Ho smesso di effettuare ogni ricerca. La prego di non pressarmi più!»
Vincenzo: «Ma tu non puoi prendere una decisione del genere. Ecco perché allora mia figlia ti ha allontanato. Sono stato uno stupido a pensare di avere un aiuto da te!»
Giulio: «Guardi, volevo bene a sua figlia, è lei che mi ha allontanato senza motivo. E soprattutto non mi piacevano i suoi amici, intendo Toto, Marco, Claudio e Tiziana e tantomeno quella pediatra, un angelo, ma che cosa nasconde sotto le sue mentite spoglie lo sa solo lei. Sono stanco delle sue visite. Mi portano ansia e ho bisogno di tranquillità per studiare. E inoltre se solo avesse aperto un po' di più il suo portafogli, di certo non sarebbe andata a posare a gambe aperte da quella testa di cazzo»
Vincenzo: «Come ti permetti. Pulisciti la bocca quando parli di lei. Gli davo abbastanza, a cosa gli servivano altri soldi? Non aveva neanche un fidanzato giusto?»
Giulio: «Questo non lo so! Di sicuro non era fidanzata ufficialmente con

nessuno, forse aveva un debole per Marco o Toto, ma non ne sarei sicuro»
Vincenzo: *«Purtroppo la mia palestra non va più bene, le ho preferito nascondere dei problemi economici, il numero di iscritti scende ogni giorno, ma forse avrei dovuto dirglielo»*
Giulio: *«Signore, se Gina è viva prima o poi salterà fuori qualcosa. In ogni caso deve andare avanti».*

F: «Io non resisto!»
E: «Affari suoi continui o le faccio saltare il cervello»

L'avvocato della difesa di Caronte continuò a raccontare a Vincenzo Fanna, padre di Gina, della festa.

La cena tra amici degenerò tra fumo e alcool. Mentre Toto era sul balcone insieme a Claudio, Carmelina si recò in bagno.

Seguì una conversazione tra Toto e Claudio

Toto: *«Cosa mi devi dire di così importante?»*
Claudio: *«A parte che ho dimenticato il mio telefono a casa? Beh, devo dirti tante cose!»*
Toto: *«Se hai bisogno di usare il telefono usa pure il mio»*
Claudio: *«Non voglio il tuo telefono. Vieni qua. Dai Toto, avvicinati devo sussurrarti una cosa!»*
Toto: *«Sentiamo, dai non farmi perdere tempo, voglio rientrare»*
Claudio: *«Sesso porco io e te! Io sono anche così!» sussurrò nell'orecchio e lo strinse a sé con forza»*
Toto: *«Toglimi subito le mani di dosso. Razza di pervertito. Che cazzo sapevo che avevi sti strani gusti» rispose cercando di divincolarsi.*
Claudio: *«Lasciati andare dai Toto, Tiziana non c'è e non lo saprà mai! Occhio non vede cuore non duole!»*
Toto si svincolò da lui arrabbiandosi.
Toto: *«Non sono finocchio. Spero per te che sia l'effetto dell'alcol, altrimenti dovrei dirlo a Tiziana» ruggì spingendolo via e tornò dentro. Vide che Marco e Gina si stavano baciando, non vedendo Carmelina iniziò a cercarla preoccupato.*

E: «Che schifo se l'è fatta davvero. Non mi importa continui a leggere»

F: «Lei passerà dei guai per questo. Sequestro di persona»

E: «Continui e non si farà del male nessuno» disse tirando un calcio alla scrivania.

F: «Ok!»

Vincenzo Fanna arrivò nello studio del pubblico ministero Lorenzini.

Lorenzini: «Signore ho accettato di vederlo solo perché la segretaria mi ha detto che ha chiamato più volte. So chi è, e mi dispiace per il suo dolore, ma mi creda non posso aiutarla!»

Vincenzo: «Ho bisogno di avere notizie riguardo il Caso Caronte. Potrebbe rispondere alle mie domande? La prego!»

Lorenzini: «Signore, sono una persona molto occupata, che ha una mole di lavoro infinita. Se mi mettessi a ricevere e a rispondere alle domande delle persone dei miei casi, la mia vita sarebbe peggio dell'inferno che vivo ogni giorno. Ho una moglie e due figli che mi aspettano a casa ogni sera. Lei è un padre come me, deve capire la mia posizione!»

Vincenzo: «E alla mia di posizione e soprattutto di condizione, non ci pensa più nessuno? Siete tutti egoisti, questa è la verità!»

Lorenzini: «Non ho notizie da darle. Ha fatto una venuta a vuoto. In ogni caso le do un consiglio spassionato, il responsabile prima o poi salterà fuori, è questione di tempo. Lasci fare alla giustizia il proprio corso e soprattutto cerchi di avere fiducia nelle autorità competenti. Ho sentito dire che sta collaborando con un investigatore. Le voci circolano. Mi creda lo dico per il suo bene, non faccia strumentalizzare il suo dolore. Usare la sua tragedia per cercare fama e gloria.... Stia attento alla gente senza scrupoli che le sta attorno. Loro cercano solo l'attenzione dei riflettori della stampa. In una epoca di vanità ed egocentrismo a pagarne il prezzo sono le persone come lei che si fanno raggirare»

Vincenzo: «Da che pulpito parte la predica. Se si riferisce a Samuele, lui è l'unico che mi sta dando una mano. Credevo di poter avere un supporto da lei. Se solo si mettesse una mano sulla coscienza, capirebbe che ha il dovere morale di rispondere alle mie domande e di darmi dettagli utili per le nostre ricerche!»

Lorenzini: *«Signore, quello che so è venuto fuori in fase processuale. Credo di averle dedicato abbastanza del mio tempo. Mi dispiace per il suo dolore. Da genitore mi auguro che sua figlia sia viva, ma le chiedo anche di valutare l'ipotesi che non la rivedrà più. Volti pagina o potrebbe morirne o uscire fuori di testa. Mio fratello è un terapeuta, se vuole posso fissarle un appuntamento a titolo gratuito!»*

Vincenzo: *«Non ho bisogno di nessun terapeuta. Sono abbastanza lucido e se la mia determinazione, il mio bisogno di ottenere delle risposte con caparbietà e intraprendenza vengono scambiati per frustrazione, collera e rabbia è solo perché nessuno di voi è capace di mettersi nei miei panni»*

Lorenzini: *«Lei è un uomo distrutto che ha bisogno di reagire e metabolizzare la scomparsa di sua figlia. Ad ogni modo, semmai dovessi avere notizie la contatterò. Adesso però devo proprio congedarla»*

Vincenzo: *«È stata una pessima idea venire qua. La saluto»*

E: «Senta se interrompe la lettura di nuovo per frignare le sparo» esordì di nuovo tirando un calcio alla scrivania.

F: «Sono tutto bagnato. Devo cambiarmi fa freddo!»

E: «Finisca. Prima lo farà e prima sarà libero di andare»

F: «Ok! Non ci saranno più interruzioni. Prometto, ma può abbassare la pistola!»

E: «Assolutamente no. Sono io a dare gli ordini qui dentro».

Caronte aveva un grembiule pieno di sangue, aveva nelle mani un contenitore trasparente in cui c'erano delle blatte germaniche. Ne prese una viva a mani nude e portandola verso la bocca la mangiò. Poi uscì fuori e trovò una lumaca in giardino e se la succhiò dal guscio, inghiottendola. Lo vide Guendalino da lontano e lo rimproverò.

Guendalino: *«Flaminio, smettila di mangiare le lumache vive, poi stai male di stomaco. Ti rendi conto che non è normale farlo?»*

Caronte: *«Voglio sentire la vita che muore lentamente nel mio stomaco. Per farlo devo mangiare gli insetti vivi!»*

Guendalino: *«Ascolta vedi di darti una regolata. La gente ti crede un pazzo, un killer spietato e tu con questi comportamenti non fai altro che farlo pensare anche a me. Perché fai così? Che ti prende non eri così anni fa? Cosa è* *cambiato?»*

Caronte: *«Sono stanco di vivere. Voglio vivere a modo mio. Voglio essere lasciato in pace. Voglio solo dei modelli malati per farne delle sculture autentiche, meglio di come potrebbero venire se fossero imbalsamati!»*

Guendalino: *«Non lo so se è una buona idea, avere questi modelli malati!».*

Caronte: *«Noooooooooo! Vanno bene questi! Sennò non creo e non ne faccio più!»*

Guendalino: *«Ma che diavolo. Flaminio non ti è bastato il processo, vuoi altri guai? Non capisci la gravità della situazione?»*

Caronte: *«Nooooooooo. Voglio loro, questi modelli malati»* urlò e poi si sedette sua una altalena in giardino per dondolarsi.

Guendalino: *«Dio dammi la forza di continuare questa vita»* disse guardando il Cielo.

Samuele Scibetta suonò alla porta di un ex modello insieme al criminologo e allo psichiatra. L'ex modello lo riconobbe dallo spioncino e aprì la porta infastidito.

Ex Modello: *«Prima telefona. Adesso si presenta qua. Se ne vada o chiamo la polizia!»*

Samuele: *«Ti posso pagare per avere delle risposte»*

Ex Modello: *«Quanto?»*

Samuele: *«Dipende dalle informazioni che può darmi 100 euro vanno bene?»*

Ex Modello: *«Mi vuole prendere in giro? Ormai non accetto più elemosine, l'ho già fatto per quel matto di Caronte, se vuole che risponda alle sue domande deve sborsare almeno 1000 euro, altrimenti se ne vada e non torni più»*

Samuele: *«Sono troppi soldi!»*

Ex modello: *«Allora sparisca e porti la sua troupe fuori dal palazzo, altrimenti informerò anche l'amministratore dell'abuso che sta perpetrando nei miei riguardi. Questo è stalking!»* disse e sbatté la porta.

Samuele: *«Che palle. In tempi di crisi offro 100 euro per 5 minuti e questa è la reazione?»* esclamò e sbuffò rivolgendosi ai suoi collaboratori.......

Samuele andò nella casa studenti dove abitavano Toto e Tiziana. Nell'ingresso dell'edificio c'era il portiere Manolo al quale posero delle domande.

Samuele: «Signor Manolo. Sono Samuele Scibetta»
Manolo: «L'ho riconosciuta, cosa vuole da me?»
Samuele: «Lei è il portiere dello stabile. Si ricorda di Toto e Tiziana?»
Manolo: «Povere creature! Quello che so l'ho già detto alle autorità competenti. Guardi non amo gli investigatori!»
Samuele: «Solo delle domande, la prego. Posso pagarla!»
Manolo: «Cosa vuole sapere?»
Nel frattempo Samuele prese il portafogli e diede 50 euro al portiere che le prese sottobanco e le mise in tasca.
Samuele: «Posso usare il registratore?»
Manolo: «Non esageri. Ho accettato solo di rispondere alle sue domande!»
Samuele: «Toto oltre a essere un modello, era uno studente, giusto?»
Manolo: «Per forza solo studenti possono stare in questa struttura, salvo eccezioni. La maggior parte degli alloggi sono previsti per gli studenti, ma non tutti. Comunque, non è un mistero lui aveva lasciato farmacia e si era iscritto a scienze della moda e del costume alla Sapienza, ma a mio avviso non era uno studente modello, un gioco di parole!»
Samuele: «Che intende dire? Era un ragazzo promiscuo?»
Manolo: «Era un bel ragazzo. Se ne dicono tante. Non passava inosservato, ma non mi fraintenda. Non ho detto questo, perché mi piaceva. Era solo un bravo ragazzo, lo conoscevano tutti. Dico solo che preferiva uscire con gli amici piuttosto che mettersi a studiare sui libri»
Samuele: «Capisco! Ma di quella notte ricorda qualcosa?»
Manolo: «Guardi qui ci sono molti appartamenti. C'è un via vai continuo. Sarebbe impossibile tenere d'occhio tutto e soprattutto non ci sono telecamere e poi è successo di notte, la portineria è incustodita. Chiunque sia stato ha agito molto bene. Potrebbe ancora essere in questo palazzo e magari ci sta pure guardando. Chissà!»
Samuele: «Quindi lei non crede alla colpevolezza di Caronte?»
Manolo: «Non saprei. Caronte è un tipo molto visibile, sia per la non curanza che per i suoi modi strani. È vero che non posso controllare tutte le persone che salgono e scendono ma se fosse venuto qualche volta, uno come lui, probabilmente me ne ricorderei. Non credo sia mai venuto in questa struttura.

In ogni caso i turni di portineria vanno dalle 8 alle 20 e ci alterniamo con Martina, come saprà sia Toto e sia Tiziana sono stati assassinati di notte quando appunto di notte non c'è nessuno in servizio. Avevo chiesto all'Università una vigilanza notturna, ma con questa crisi, non si dà lavoro!»
Samuele: «Quindi, Martina potrebbe saperne di più di lei?»
Manolo: «Se ha soldi da spendere, tra un'ora stacco e può chiedere anche a lei, ma in onestà non potrà dirle più di quello che le ho già detto io. Nel caso non le dica di aver parlato con me! Ci tengo a mantenere in riserbo questo scambio!»
Samuele: «Certo! Non si preoccupi! Toto e Tiziana organizzavano spesso feste nell'appartamento?»
Manolo: «Suppongo di sì. Noi controlliamo appunto solo fino alle 20, poi i ragazzi si sbizzarriscono sanno che nessuno dei portieri sono giù e fanno ciò che vogliono!»
Samuele: «Capisco! Senta le chiedo un'ultima cosa. Ha mai visto questa ragazza in compagnia di Toto?» chiese mostrando una foto di Carmelina.
Manolo: «Certo, lei è Carmelina Delli Carri. Era molto amica di Toto! Non crederà che c'entri qualcosa con il suo omicidio?»
Samuele: «Non saprei. Ma era anche amica di Tiziana?»
Manolo: «L'ho sempre vista insieme a Toto. Non so se fosse amica anche di Tiziana, suppongo di sì, ma non ho la certezza!»
Samuele: «Li hai mai visti litigare negli ultimi tempi per caso?»
Manolo: «Assolutamente no! Comunque Carmelina voleva molto bene a Toto. Credo sia fuori strada!»
Samuele: «Ok! Se le dovesse venire in mente qualcosa. Mi contatti. Le lascio il mio biglietto da visita!»
Manolo: «Ok!».........

Vincenzo raggiunse casa dell'avvocato della difesa, sapendo che lui non c'era. Voleva avere informazioni dai vicini, per capire dove potesse essere andato a finire e perché.
Citofonò, ma non aprì nessuno, approfittando dell'uscita di un condomino, salì per recarsi all'interno dell'edificio. Provò a suonare il campanello della porta blindata, ma nessuna risposta. Decise di suonare alla porta accanto.

Vincenzo: «Buongiorno! Scusi se la disturbo, stavo cercando l'avvocato Scalise»

Vicina: «Sta alla porta accanto. Ma da molti giorni non c'è! Lei chi è?»

Vincenzo: «Sono un amico di vecchia data, volevo fargli una sorpresa! Può dirmi dove trovarlo!»

Vicina: «Mi dispiace, non posso aiutarla! Devo salutarla ma ho i cuccioli di Dalmata appena nati in casa e non vorrei combinassero danni. Arriverderci!», abbaiò e sbattendo la porta chiuse.

Vincenzo: «Se arrivederci Roma. Che modi gentili!», esclamò ad alta voce parlando con sé stesso.

Vincenzo con caparbietà suonò di nuovo al campanello. La signora ne rimase infastidita.

Vicina: «Ancora lei. Ma cosa vuole?»

Vincenzo: «Volevo lasciarle il mio numero qualora lo sentisse o lo rivedesse, potrebbe gentilmente avvisarmi? Sono disposto anche a pagare per questo!»

Vicina: «Ma lei è matto! Assolutamente no! Se ne vada!» belò e chiuse delicatamente la porta.

Vincenzo, scendendo le scale, incontrò una badante anziana con le buste della spesa in mano che stava salendo a fatica. Sembrava aver ascoltato la conversazione.

Badante: «Ho sentito che è disposto a pagare, per cosa? Sa la signora mi paga poco»

Vincenzo: «Se ha informazioni riguardo l'avvocato Scalise, posso darle subito 50 euro!» prese il portafogli dalla borsa e le porse subito la banconota.

La Badante intascò subito senza battere ciglio.

Badante: «Al piano di sopra abita una signora con la quale ha avuto una storia tormentosa. Adesso lei sta con un altro, ma credo siano rimasti amici. Non vada ora, perché è siciliana ed è partita. Tra qualche giorno ritornerà. Sto parlando della Signora Aloi. Sta all'interno 21».................

Samuele si recò in tre abitazioni diverse in quella di una madre di un ex modello, in quella della sorella di una ex modella e in quella di un modello. Si susseguirono le scene con i rifiuti delle persone.

Madre di un Ex Modello di Caronte: *«Vada via come si permette a venire qua! Mio figlio non c'entra nulla con questa storia. Cosa crede di fare! Chiamo la Polizia!»*

Sorella di una Ex Modella di Caronte: *«Ma lei si presenta con un registratore alla mia porta. Sono senza voce, è illegale ed è impazzito? E poi mia sorella è a Parigi, avrà posato per quel mentecatto circa 3 anni fa. In ogni caso, lei non è un giornalista non mi interessa, credevo di dovermi sistemare per andare in televisione. Non mi interessa rispondere alle sue domande, io cerco visibilità!»*

Ex Modello di Caronte: *«L'errore più grande della mia vita è stato posare per quel maiale! Si eccitava alla vista di cicatrici. Ho dei segni dovuti alle estrazioni di tre lipomi per questo mi avevano scelto. Una volta mi ha cosparso di cenere prima della posa. Quello è un malato di testa. Comunque, il fratello Guendalino mi ha sempre pagato. È un brutto ricordo, ma mi servivano soldi all'epoca. È stato un errore perché ho accettato somme misere per le pose e io sono un professionista neanche se mi pagassero dignitosamente ci ritornerei da loro. Non credo sia stato lui a uccidere Toto comunque! Volevano incastrarlo perché è pazzo!».......*

Samuele, Raffaele e Silvio decisero di recarsi a Rocca di Papa, dove vivevano Flaminio e Guendalino. L'investigatore aveva fatto il colore ai capelli e messe le lenti a contatto azzurre per non farsi riconoscere, e si era cosparso di fard sulle sue macchie del viso. Era una casa alla meno peggio. Un ragazzo dall'aria scaltra e ambigua arrivò alle loro spalle spaventandoli.

Giacomino: *«Chi state cercando?»*
Samuele: *«Cerchiamo lavoro. Abbiamo saputo che i Coscarino cercano nuovi modelli! Lei chi è?»*
Giacomino: *«Sono il ragazzo che gli procura i modelli. Lavoro per il Museo in cui espone Flaminio e li aiuto anche nelle faccende di casa»*
Samuele: *«Puoi dire a Guendalino se possiamo entrare?».*
Giacomino entrò in casa, aveva le chiavi della porta, sembrava una persona di

*famiglia e di fiducia. Dopo pochi minuti si affacciò dalla finestra Guendalino e
ne nacque una conversazione.*

Guendalino: *«Buongiorno. Chi vi manda?»*

Samuele: *«Volevamo sapere se avete bisogno di modelli per le pose?»*

Guendalino: *«Certo che Charlie per togliere la percentuale a Giacomino,
farebbe carte false. Vi ha mandato Lui! Gli avevo detto che li avevamo già i
modelli, ce li ha trovati Giacomino, e adesso voi, dovrò redarguirlo. Lavorano
insieme e si pestano i piedi a vicenda! Come è finita male l'Italia e gli Italiani»*

Samuele: *«Esatto! Abbiamo bisogno di lavorare signora. Sappiamo che le
statue stanno vendendo! Anche per pochi spiccioli noi ci mettiamo in posa»*

Guendalino: *«Ma questa non è la casa della beneficenza. Cosa vorrà
ancora Dio da noi!»*

Samuele: *«Davvero! Siamo brava gente!»*

Guendalino: *«Ok! Possiamo fare una prova dopo domani, mio fratello è
esigente non so se possiate andargli bene. Lei sembra troppo vecchio, non
saprei. Gli altri sembrano ok. E in ogni caso non posso pagarvi subito, va
bene?»*

Samuele: *«Va benissimo! Torneremo dopo domani. A che ora?»*

Guendalino: *«Dopo pranzo, ora devo andare sto cucinando!»*

Samuele: *«Ok! Grazie!»*

*Samuele, Raffaele e Silvio avendo saputo che c'erano dei modelli in posa
decisero di temporeggiare lì vicino per aspettare di vederli uscire e poterli
conoscere..............*

**Samuele e i suoi collaboratori stavano sistemando i loro appunti.
Videro arrivare di corsa due modelli spaventati che correvano per
raggiungere la loro auto.**

**Samuele, Raffaele e Silvio cercarono di avvicinarsi per tranquilliz-
zarli e per cercare di capire l'accaduto.**

Samuele: *«Ragazzi che succede?»*

Modella: *«Scappate! Quello è un pazzo. Voleva farci del male!»*

Modello: *«Non avrete intenzione di posare? Andate via! È pericoloso, è un
maniaco!»*

**Samuele fece segno a Silvio di riprendere con la telecamera del
telefonino.**

Modella: *«Cavolo, ho lasciato la borsa dentro, lì ci sono le chiavi dell'auto!»*

Modello: *«Maledizione Marta! Andiamo a recuperarla e scappiamo prima possibile!».*

Era martedì, Vincenzo si ricordò del consiglio avuto dalla badante e tornò all'interno 21 dove abitava l'ex fiamma dell'avvocato, la signora Aloi.

Vincenzo: *«Signora la prego, ho bisogno di parlare con lui»*
Signora Aloi: *«Lei non è un giornalista, vero?»*
Vincenzo: *«No, sono un amico di vecchia data!»*
Signora Aloi: *«Credevo lo cercasse per il Caso Caronte. Lei ha un volto familiare. Senta le posso dire solo che ha scelto di allontanarsi, perché gravemente malato»* proferì triste e con le lacrime agli occhi.
Vincenzo: *«Mi dispiace molto»*
Signora Aloi: *«Sono venuti a cercarlo molti giornalisti e un investigatore privato. Credono nasconda qualcosa sul caso Caronte. Ma ha solo scelto di trascorrere gli ultimi giorni della sua vita in una casa al mare»*
Vincenzo: *«Credevo mi potesse aiutare. So che avevate un legame particolare!»*
Signora Aloi: *«Lei, come fa a sapere questo?*
Vincenzo: *«Guardi, glielo ho detto sono un suo amico che vorrebbe rivederlo! Mi ha sempre parlato bene di lei!»*
Signora Aloi: *«Ascolti, io l'ho salutato molti mesi fa, era in condizioni pessime. Forse è giusto che lo faccia pure lei prima che il Cielo se lo chiami. Ma le posso solo dire che la sua casa è dalle parti di Fregene. Mi lasci il suo numero se avrò maggiori informazioni o semmai dovesse farsi vivo la ricontatterò»*
Vincenzo: *«La ringrazio!».........*

Samuele era a casa della suora Agatha, la maestra di scuola elementare di Flaminio. Decise di registrare la conversazione con il suo benestare.

Samuele: *«Come era Flaminio da bambino?»*
Agatha: *«Era un bambino introverso, ma molto generoso. Ricordo che divideva sempre la merenda con Zamira, la sua compagna preferita che era così ingorda che mangiava la sua e poi chiedeva la metà di quella di Flaminio!*

Li ricordo molto bene, perché erano affiatati ed erano anche i più bravi della classe. Sedevano al primo banco»
Samuele: *«Ma caratterialmente, ci fu un cambiamento in lui dopo l'incidente?»*
Agatha: *«Fu una disgrazia per tutta la comunità. Era un bambino di 8 anni. Come avrebbe potuto non cambiare? Diventò più egoista e menefreghista. Ma soprattutto cominciò a ignorare compagni e insegnanti. Iniziò a costruire un mondo tutto suo, fatto di dolore e paura! Venne dato in affidamento, poi maggiorenne ritornò a vivere in casa con Guendalino»*
Samuele: *«Sorella, ci ricorda esattamente la dinamica di cosa successe quel lontano giorno in casa Coscarino?»*
Agatha: *«I genitori di Flaminio e Guendalino furono accoltellati. Furono trovati in camera da letto in una pozza di sangue. Non fu mai trovata l'arma del delitto. Si ipotizzò a un delitto passionale»*
Samuele: *«Lei escluderebbe a priori un suo coinvolgimento con la morte dei suoi genitori e con la morte di Toto e con i ragazzi scomparsi?»*
Agatha: *«A questa domanda preferisco non risponderle. Posso solo dire che per me è una brava persona che ha avuto la sfortuna di vivere una tragedia in adolescenza. Credo anche che la gente del paese abbia isolato Guendalino e Flaminio, mentre avrebbe dovuto aiutarli. Il mio appello è che la comunità di Rocca di Papa dimostri solidarietà a queste persone»*
Samuele: *«Ma adesso che le sue opere vendono, crede che abbiano bisogno di aiuto?»*
Agatha: *«Mi scusi, ma questa sua domanda è venale. Crede che siano i soldi che gli interessino? Guendalino e Flaminio sono cresciuti in povertà e hanno deciso di rinchiudersi in una vita monotona, dedita all'agricoltura principalmente e all'amore fraterno rinunciando a tutto il resto. Questa è una scelta rispettabile, ma anche molto triste»*...........

Carmelina era passata a casa di Vincenzo. Cominciarono a bere un tè seduti al tavolo della cucina. Improvvisamente trillò un cellulare.

Vincenzo: *«Ti sta suonando il cellulare?»*
Carmelina: *«No, questa non è la mia suoneria»*
Vincenzo: *«Non sarà il numero di Gina!»* esclamò e si alzò di scatto per

prendere il cellulare che suonava nella sua tracolla.
Carmelina: *«Che vuol dire il numero di Gina? Ti sta chiamando?*

Vincenzo era al telefono, Carmelina ascoltava guardinga la conversazione.

Vincenzo: *«Può dire a me, Gina non c'è»*
X:................
Vincenzo: *«No, non siamo interessati»*
X:..........................
Vincenzo: *Senta mio figlia è scomparsa da oltre un anno. Mi frego della promozione a lei riservata. Non chiami più grazie.*

Carmelina: *«Cosa succede Vincenzo?»*
Vincenzo: *«Maledetti Call Center. Ho esagerato forse, ma insisteva troppo!»*
Carmelina: *«Scusa mi spieghi?»*
Vincenzo: *«Niente. Falso allarme. Tramite un amico di Samuele, ho avuto una copia della Sim del numero di Gina e l'ho inserita nel suo vecchio cellulare»*
Carmelina: *«Chi era?»*
Vincenzo: *«Una donna per attivare una promozione sulla internet key a lei riservata»*
Carmelina: *«Che palle!»*
Vincenzo: *«Il cuore mi era andato a mille, chissà chi immaginavo fosse!»......*

Mentre Guendalino era in bagno e stava mettendo i panni in lavatrice, sopraggiunse Flaminio con un vistoso taglio sul braccio. Guardandosi allo specchio del bagno con un gesto di ammirazione premette sulla ferita per far uscire più sangue. Guendalino lo guardò insospettito e con rabbia.

Guendalino: *«Ma che diavolo stai facendo? Cerca di disinfettarti!»*
Flaminio: *«Mi sono tagliato con le forbici!»*
Guendalino: *«Ci mancava solo questa. Fortuna che è il braccio e non l'indice altrimenti sarebbe stato un altro dispiacere! Come se non bastasse a tutto quello che stiamo passando!» borbottò poi prese uno strofinaccio e dell'alcol per disinfettarlo.*

Flaminio: «*Voglio i modelli! Dove sono?*»

Guendalino: «*Ma li hai spaventati e sono scappati l'altro giorno. E quelli malati sinceramente non credo sia il caso farli ritornare! Abbiamo già troppi problemi*»

Flaminio: «*Voglio quelli malati! Sono perfetti per me, altrimenti non farò più statue!*»

Guendalino: «*Flaminio un po' di buon senso! Sii ragionevole! Non voglio finire nei guai!*»

Flaminio: «*Non siamo noi che li abbiamo ridotti così. La responsabilità per legge è di chi ce li porta! Voglio solo plasmare i loro corpi nel marmo, poi vanno via come sempre!*»

Guendalino: «*Ho detto di no! Finiremo per essere complici del loro martirio*»

Flaminio: «*Aaaah! Lasciami solo! Non voglio vederti per il resto della giornata! Non capisci! Mi fanno stare bene. Guardare le loro sofferenze mi fa sentire meglio. Come te lo devo dire. Che colpa ne ho se sono fatto così? E tu sei mia fratello dovresti capirmi oppure curami. Fammi curare!*»

Guendalino: «*Guarda li rifarò venire, ma che sia l'ultima volta! Fattela bastare! Sei tu che non sei voluto andare in terapia, tu non hai superato la morte dei nostri genitori. Eri troppo piccolo, ma basta. Puoi ancora avere una vita diversa. Mi stai sentendo!*», esclamò mentre Flaminio correva via............

Samuele, Raffaele e Silvio stavano registrando la testimonianza del contadino che abitava nelle vicinanze dei campi di proprietà dei Coscarino.

Santino: «*Sì ho la sfortuna di essere il suo vicino di casa. Lei non può immaginare che bestia di persona possa essere. I miei nipoti sono rimasti traumatizzati dalla sua violenza*»

Samuele: «*Si spieghi meglio cosa ha fatto quest'uomo per meritarsi tale reputazione?*»

Santino: «*Lo chiama uomo. Quel Caronte è il diavolo. E anche se l'ha fatta franca nel processo andrebbe rinchiuso. Sa cosa faceva? Cresceva i maiali e faceva in modo che si fidassero di lui e poi al momento del macello, non si* limitava al taglio della gola, sosteneva che più l'animale soffriva prima della sua morte più la sua carne sarebbe stata delicata e tenera. Era un barbaro»

Samuele: «O mio Dio! Racconta a me queste cose, sono un animalista e un vegano convinto! Pensavo che gli artisti fossero persone sensibili!»

Santino: «Artista quel tale? Ma mi faccia il piacere il fratello gli avrà regalato la plastilina da bambino, poi la creta, poi l'argilla e gli ha messo in testa l'idea di essere un artista. Ma non vedo talento in un uomo che crea sculture del genere. Caricature di zombie partendo da persone viventi. Solo quel museo massonico può continuare a vendere le sue opere. Questa lei la chiama Arte o depravazione?»

Samuele: «Lo dovrebbe chiedere a Charlie, non certo a me, non saprei giudicare le sue opere. Sono un investigatore privato, ma non un critico di opere artistiche. Mi astengo dal suo giudizio, non vorrei beccarmi una querela qualora questo audio lo consegnerò a qualche giornalista»

Santino: «Non mi spaventano le querele. Si riferisce a quel direttore con la faccia da spauracchio? Un incapace raccomandato da qualcuno e messo lì per trafficare chissà cosa. Fanno riciclaggio di denaro sporco dietro le mostre artistiche! Basta questo per occuparsi d'Arte ed essere intenditori ai giorni nostri?»

Samuele: «Sembra quasi voglia fare semantica. Comunque, ha altro da dirmi?»

Santino: «I miei figli per colpa sua si rifiutano di portare i miei nipoti. Quel mostro una volta ha catturato una talpa e l'ha arsa viva sotto i loro occhi che piangevano e gli chiedevano di liberarla. Per non parlare di quello che faceva ai gatti da ragazzo. Prendeva i colpetti gialli di plastica della pistola ad aria compressa li bucava con degli aghi e li sparava sui gatti. E sa cosa faceva ai galli. Li legava e li scuoiava da vivi perché per lui erano esseri inutili. E per non parlare di come uccideva gli agnelli, li metteva a testa in giù…»

Samuele: «Bastaaaaaa! La prego si fermi non voglio sapere nient'altro. Per me è più che sufficiente».

Vincenzo incontrò la madre di Marco

Vincenzo: «Grazie per avermi ricevuto. La madre di Marco e io finalmente ci conosciamo. Non mi sembra vero!»

Jessica: «Mi chiamo Jessica. Diamoci del tu!»

Vincenzo: «Certo! Stavo facendo un po' di sarcasmo!»

Jessica: «Senta ho evitato che ci vedessimo prima, perché non amo la sua collaborazione con quel Samuele, ma le devo chiedere una cosa. Sapeva che Gina e Marco erano a casa di Tiziana e Toto la sera prima che fosse ucciso quest'ultimo?»

Vincenzo: «Ma come fa a sapere questa cosa?»

Jessica: «Avremmo dovuto unire le forze prima. Ognuno ha i propri informatori!»

Vincenzo: «Allora, questo sarà uno dei nostri primi incontri. Ma perché non si unisce a noi?»

Jessica: «Credo che quel Samuele stia strumentalizzando la nostra tragedia! Sinceramente preferisco restare distaccata. Voglio avere rapporti con te, ma non con lui! Un investigatore privato che ha un passato scabroso. Sapeva che tradiva sua moglie?»

Vincenzo: «Guardi non entro in merito a questi pettegolezzi. Va bene come vuoi, io e te ci incontreremo per fatti nostri senza coinvolgerlo!».

Samuele, Raffaele e Silvio come già concordato con Guendalino, si presentarono a casa Coscarino dopo pranzo, spacciandosi per modelli mandati da Charlie.

Guendalino: «Posso offrirvi qualcosa? Sono rimasti dei maffin al cioccolato»

Flaminio: «No Guendalino. Sono a posto così, vero signori?» chiese con aria di sfida.

Guendalino: «Non essere scortese con i nuovi modelli, come al tuo solito! Per piacere ricordati delle buone maniere! Allora vi faccio un tè e facciamo conoscenza con un po' di maffin e plumcake, prima di andare in posa, ok?»

«E nooooooooooooo!» strillò **Flaminio**. «Ho detto di no!» continuò. «I pochi dolci rimasti li mangerò dopo io. Loro sono a posto, ho detto. Vero amici?»

Samuele: «Sì, siamo a posto. Dove è la stanza per posare?» domandò con voce tremula in quanto spaventato dalla reazione dello scultore.

Raffaele: «Samuele ma veramente un po' di dolci…» sussurrò in bassa voce vicino l'orecchio di Samuele che rispose facendogli un cenno di stare zitto. Silvio osservò silenzioso e spaventato senza dire nulla.

Flaminio: «*Seguitemi*»
Guendalino: «*Signori, non fateci caso è un po' burbero, ma potete stare tranquilli*» replicò imbarazzato per l'accoglienza di suo fratello. «*Se avete bisogno di qualcosa basta che mi chiamate, lui non vuole che assista quando deve creare. Io resterò qua sotto*»
Flaminio: «*Sbrigateviiiiiii! Non ho tempo da perdere!*»
Guendalino: «*Andate forza!*»
Samuele: «*Ok arriviamo! Stia tranquilla!*», rasserenato da Guendalino, fece cenno d'intesa a Raffaele e Silvio per invitarli a seguirlo»
Flaminio: «*Levatevi i vestiti. Sbrigateviiiiiii!*»
Samuele: «*Ma va bene se restiamo solo in biancheria intima?*»
Flaminio: «*Che storia è questa? Nudiiiiiiiii!*»
Samuele, Raffaele e Silvio: «*Ok!*» spaventati da quell'uomo si denudarono velocemente.
Flaminio: «*Mettetevi su quel divano. Adesso prendo degli attrezzi per truccarvi e prepararvi*».
Nel frattempo Silvio cercò di nascondere la mini videocamera che aveva portato per riprendere il comportamento di Caronte.

Jessica chiamò Vincenzo che aveva una maschera alle proprietà del mirtillo in viso. Rispose pertanto al telefono mettendo il vivavoce.

Vincenzo: «*Ciao Jessica!*»
Jessica: «*Ciao! Non ti chiedo come stai perché sarebbe stupido! Puoi parlare?*»
Vincenzo: «*Sì certo! Dimmi tutto!*»
Jessica: «*Questa mattina sono andata a trovare una amica di Marco. È tornata da un Erasmus da poco. Ho scoperto che su skype il giorno prima della sua scomparsa le aveva scritto di provare attrazione per una ragazza di nome Gina! I nostri figli stavano insieme?*»
Vincenzo: «*Questo spiegherebbe perché mancano entrambi all'appello. È un primo legame oltre al fatto che entrambi avessero posato per quel Caronte!*».

Nella stanza di Caronte regnava il panico. Silvio stava attento a

non far vedere la piccola videocamera. Caronte sembrava distratto, confuso, e anche seccato della loro presenza, non era soddisfatto dei loro corpi in quanto non erano molto plasmabili e non avevano segni di escoriazione, ferite, o tagli.

Samuele: *«In che senso mettere del letame? Cosa intende?»*
Caronte: *«Adesso vedete» disse mentre da una secchio prendeva a mani nude gli escrementi per cospargerli a del mercurio cromo.*
Samuele: *«Come dobbiamo sistemarci?»*
Caronte: *«Come cazzo volete. State fermi però. Cospargetevi di merda e mettetevi dell'argilla!»*
Samuele: *«Ma questo è mercurio cromo sulle feci o sangue dell'animale, Dio solo sa che dovremmo poi fare per levarlo. Non possiamo evitarlo?»*
Caronte: *«Mettetevelooooooooo! Qua comando io»*
Samuele: *«Va bene ok! Si calmi»*
Caronte: *«Vedo delle belle pelli, a me non servono almeno nascondete col sangue e poi facciamo delle cicatrici!»*
Samuele: *«Cosa? Ma così va bene?»*
Caronte: *«Manca qualcosa prendo i coltelli e le frecce!»*
Samuele: *«Cosa servono ora i coltelli?»*
Caronte: *«Un po' di scena cretino decrepito!» esclamò mentre porse i coltelli e le frecce ai modelli. Dopo averglieli dati disse: «Adesso sulle linee rosse fate come se i coltelli fossero stati conficcati veramente»*
Samuele: *«Mi permetta, ma questa posa sta diventando molto pericolosa»*
Caronte: *«Bastaaaaaaaaaaa! Non vi voglio fate schifo. Niente statue di guerra. Brutti caratteri. Non voglio voi, rivoglio quegli altri. Voi non siete buoni per me, parlate troppo. Andate via!»*
Samuele: *«Cosa? Dopo averci fatto ridurre in queste condizioni? Adesso dobbiamo andarcene?»*
Raffaele: *«Sì, Samuele andiamocene dai!»*
Silvio: *«Sì, dai rivestiamoci. Ci laveremo a casa!»*
Samuele: *«No aspettate, siamo tutti impantanati di questo marciume. Noi siamo venuti qua per posare e adesso non ce ne andiamo! Chi sono questi modelli che preferisce a noi, signor Caronte ci dica!»*
Caronte: *«Vecchio vedi di andare a fanculo. Ho detto fuoriiiiiiiiiiiiiiiiiiii! Voglio gli altri subitooo, no venerdì pomeriggio» disse mentre Samuele temporeggiava per cercare di carpire notizie. Di colpo, Flaminio, probabilmente per co-*

stringerli ad smammare, prese un accetta che teneva dietro l'armadio vicino alla scrivania degli impasti e li minacciò. Sbatté l'accetta sul tavolo e a quel punto si convinse anche l'investigatore che era arrivato il momento di darsela correndo a gambe levate. Samuele però annotò sul telefonino che Caronte si era lasciato scappare che gli altri avrebbero posato venerdì pomeriggio.

Li vide scappare Guendalino che incredulo disse: «Maledizione ne avrà combinata un'altra delle sue».

La troupe si riunì per pianificare il da farsi a pranzo a casa di Silvio.

Raffaele: *«Dobbiamo andare a scoprire chi sono questi modelli. Non sono un detective, ma la vicenda si fa sempre più interessante!»*

Silvio: *«Dobbiamo fare attenzione! Ci stiamo mettendo in una cosa più grande di noi»*

Samuele: *«Se vuoi mollare, sei libero di farlo. I rischi ci sono!»*

Raffaele: *«Quel Caronte è matto, sua fratello lo sta coprendo. Se prima credevo fosse innocente, ora credo che c'entri con la morte di Toto. Magari non è solo lui il colpevole, ma di sicuro c'entra!»*

Silvio: *«Ma questi modelli chi sono? Glieli procura Charlie? Anche quest'uomo, possibile che ne è uscito pulito nelle indagini?»*

Samuele: *«E non dimentichiamoci di quel Giacomino, guarda caso la sera che hanno ucciso Toto, era al telefono con Caronte»*

Raffaele: *«E sì, parlavano delle liste elettorali!», disse mentre con Samuele scappò una risata, mentre Silvio rimase incredulo.*

Silvio: *«Troupe, sono troppo coinvolto per lasciare, ma dobbiamo agire con cervello. Stiamo mettendo in pericolo le nostre vite».*

Charlie e Giacomino stavano prendendo un cocktail in un bar del centro di Roma.

Charlie: *«Ci sono novità? Quando mi consegni le nuove statue?»*

Giacomino: *«Guarda ancora non ne ha fatto di nuove! Comunque, sono venuti dei nuovi modelli. Hanno fatto credere a Guendalino che li avessi mandati tu. In realtà ho scoperto che era la troupe di quell'investigatore. Ho* saputo che Samuele e i genitori dei ragazzi scomparsi indagano ormai tutti insieme!»

Charlie: «Quel fottuto Samuele Scibetta! Dovevo immaginarmelo che avrebbe scavato fino in fondo per ottenere dei particolari! Dobbiamo scoraggiarli e spaventarli tutti»

Giacomino: «Non so cosa hanno in mente, ma Caronte li ha rifiutati, li ha spaventati e li ha fatti uscire di casa! Me l'ha raccontato Guendalino!»

Charlie: «Tienili d'occhio! Se invaderanno il mio territorio la pagheranno molto cara!»

Giacomino: «Ok!» esclamò compiaciuto.

Carmelina si presentò a casa di Vincenzo in anticipo rispetto a quanto pattuito. Suonò al campanello, gli aprì la porta e la fece entrare. Lui aveva addosso un orribile e vecchio accappatoio di spugna.

Carmelina: «Sono un po' in anticipo, posso entrare?»

Vincenzo: «Certo accomodati pure. Scusa il disordine! Non ho avuto tempo di sistemare!»

Si sedettero al tavolo che era pieno di fotografie di Gina e di fogli di carta in cui erano impressi a matita, date, nomi e dettagli vari sugli omicidi. Aveva appena finito di asciugare i capelli ma rimase in accappatoio di fronte a lei.

Carmelina: «Come stai oggi?»

Vincenzo: «Cosi, cosi! Nessuna novità sono abbattuto! Non ho neppure avuto la voglia di mettere ordine in casa!»

Carmelina: «Ma dai, mi fa male vederti così. Gina non lo vorrebbe sicuramente. Reagisci! Potremmo passare la mattinata al parco o andare a fare una nuotata in piscina? E poi oggi ti vedo diverso!»

Vincenzo: «Ti ringrazio, ma preferisco restare a casa. Perché mi vedi diverso?»

Carmelina: «Tranquillo, in positivo! Hai un buon profumo. Non sarà Colonia?»

Vincenzo: «Non ho messo il profumo, ho solo lavato i capelli con uno shampoo agli oli essenziali dello Sri Lanka»

Carmelina: «Ecco perché hai qualcosa di diverso oggi, sei molto esotico!»

Vincenzo: «Ma dai Carme, così mi fai arrossire. Non sono più una ragazzino! Non ci starai mica provando con me? E poi conosci il mio stato d'animo e sai perché sono ridotto così!»

Carmelina: «Non devi fraintendermi, so che la nostra priorità rimane quella di trovare Gina, ma dovremmo concederci una giornata di solo vizi. Dai vestiti, ti porto al bar a fare colazione, ti va?»

Vincenzo: «Non prenderla a male, ma preferisco sistemare un po' casa. Forse dovrei svincolare dei buoni fruttiferi alla posta per avere più denaro disponibile per le ricerche di Gina. Dovrei contattare qualche altro investigatore, Samuele e la sua troupe non bastano»

Carmelina: «Ma no, stai facendo il possibile la vita vera non è CSI, non è una serie tv e poi non siamo in una scena del crimine. Magari Gina e Marco hanno solo deciso di sparire per un po'? Ora che mi hai detto che è probabile che stanno insieme, potrebbe essere una bravata! Del resto, tu con lei non andavi d'accordo ultimamente, vero?»

Vincenzo: «Sì!»

Carmelina: «Stasera potremmo mangiare una pizza insieme a casa se non ti va di uscire, mettere un film e fare qualche tiro di narghilé?»

Vincenzo: «Vuoi proprio corrompere un signore che non è più un ragazzino? Non ho più l'età per fare queste cose! Comunque, grazie del tuo sostegno senza di te non saprei proprio che pesci prendere!»

Carmelina: «Magari avrei in mente qualcosa!»

Vincenzo: «Carmelina, dai! Ma smettila di flirtare con me! E' imbarazzante! E' un gioco che non mi piace più»

Carmelina gli si avvicinò in modo deciso penetrando il suo sguardo con i suoi occhi azzurri, Vincenzo imbarazzato arrossì e rimase fermo, senza spostarsi, ma felice di essere vittima e di avere il suo corpo vicino.

Carmelina: «Sarebbe così sconveniente?» sussurrò nel suo orecchio.

Improvvisamente suonò il telefono di Carmelina. Quel trillare fece tirare un respiro di sollievo a Vincenzo che non aveva ceduto alle sue avance, ma sapeva che se fossero continuate sarebbe stato

impossibile rifiutarle, trovandosi in uno stato d'eccitazione. Rimase lusingato di quelle attenzioni, ma non le aveva ricambiate perché si costringeva a negare l'interesse per lei. Carmelina poi disse: «Devo andare in clinica hanno bisogno di me con urgenza!»

Charlie era al telefono

Charlie: «Niente statue nuove ancora?»
X: ....
Charlie: «Che diamine! Portagli quei due! Ma non fare capire che ci sia io dietro tutto questo!»
X: ....

Vincenzo chiamò Samuele, ma partì la segreteria e decise di lasciargli un messaggio vocale.

Vincenzo: «Ciao Samuele! Volevo dirti che grazie al tuo amico dell'ufficio delle Entrate, siamo riusciti a capire qual è la casa di proprietà dell'avvocato Scalise a Fregene. Sto andando lì in via numana e spero di trovarlo».

Suor Agatha si recò in casa Coscarino, voleva parlare con Flaminio. Guendalino la fece accomodare in cucina.

Guendalino: «Si accomodi Sorella. Non credo lui voglia vederla, ma proverò a domandarglielo!»
Agatha: «Gli dica che mi farebbe piacere, ma che rispetterò ogni sua decisione a riguardo!»
Dopo dei secondi, ritornò Guendalino in cucina.
Guendalino: «La ringrazia Sorella, ma preferisce non riceverla!»
Agatha: «Capisco! La mia è una visita breve, ma se avete bisogno di qualsiasi cosa potete rivolgervi al convento!»

Mentre la Sorella stava andando via, dalla finestra del primo

piano si affacciò Caronte. Richiamò l'attenzione con un colpo di tosse. Agatha alzando lo sguardo lo vide. Caronte le fece un cenno di saluto. Suor Agatha soddisfatta dell'accaduto, gli sorrise e ritornò nella sua cinquecento bianca.

Vincenzo era finalmente dall'avvocato Scalise. Venne accolto da una infermiera.

Infermiera: «L'avvocato ha accettato di riceverla. La prego di non sforzarlo molto. Le sue condizioni di salute sono gravissime. Non gli resterà che un mese di vita, al massimo due!»

L'avvocato apparve visibilmente stanco. Stava dentro una vestaglia, seduto su una poltrona con un bicchiere d'acqua in mano. Vincenzo entrò, quasi in punta di piedi, molto preoccupato in viso. L'avvocato continuò il racconto e partì il terzo flashback di quel dannato party.

Toto trovò la porta del bagno socchiusa e l'aprì. All'interno si trovava Charlie. Entrò dentro e chiuse la porta, ignaro di avere alle sue spalle Carmelina che aveva visto tutto e aveva deciso di restare dietro la porta a origliare. I due parlavano ad alta voce convinti di non essere ascoltati da nessuno.

Toto: «E a te chi cazzo ti ha fatto entrare?»
Charlie: «Sempre così gentile caro! Mi ha chiamato Claudio pochi minuti fa! Sono il suo pusher!»
Toto: «Quello è un tale idiota. Lo dirò a Tiziana! Se permetti in casa mia tu non sei più la benvenuto. E siamo tutti puliti da un pezzo!»
Charlie: «E allora perché mi ha chiamato il tuo amico? Ma non sapevo che avrei scoperto l'inimmaginabile venendo qua! Lo sapevi di Gina e Marco, vero? Lo sapevi che mi ha lasciato per quella stronzo? Dimmi la verità!»
Toto: «Che importanza ha. Tu avevi ridotto Marco uno schifo con quelle droghe di merda e ora lui ti ha rubato la ragazza. Pare giusto no?»
Charlie: «Eh no! Marco era il fidanzato di Carmelina. Gina ha esagerato. Lascia me per mettersi con l'ex della sua amica Carmelina. Persona di merda,

sarà lei. E Marco lo stesso, si mette con l'amica della sua ex. Meritano una lezione!»

Toto: «Cosa hai intenzione di fare. Allora, cosa dovrei fare io? Mi hai usato per i tuoi scopi? Sapevi dei miei sentimenti e invece mi hai solo fatto credere di avere un interesse per me. Lo hai fatto per arrivare a Gina fin dall'inizio, sapendo che noi eravamo amici! Sei un lurido stronzo!»

Charlie: «Non sono uno stronzo. Ma cosa dici! Ho finto per uno scopo umanitario e ormonale. Guarda che Claudio sa tutto di te. Gli ho detto dei tuoi gusti, perché volevo farvi accoppiare questa sera, ma tu l'hai respinto e gli hai detto che non sei un bamboocha. Ho provato a trovartene uno e guarda che fai?»

Toto: «Come hai potuto farmi questo. Sai che tengo alla mia privacy. Non avresti dovuto dirlo a nessuno. L'avevi promesso. E poi Claudio è il fidanzato di Tiziana, non le farei mai una cosa del genere. Dirò tutto a Tiziana. Dirò tutto. Dirò ogni cosa su di te, sulla merda che sei!»

Charlie: «Tu sei un finto uomo. Purtroppo è stata una esperienza terribile la nostra amicizia. Toto, io ho bisogno di fica e libertà. Sono uno spirito libero e tu sei sempre stato una tale rogna e mi hai fatto perdere Gina. Secondo me c'entri tu. Non sei stato tu a portare Marco nella nostra combriccola?»

Toto: «Tu non ne hai mai fatto parte. Non ti vogliamo. Tu continui a essere un tossico del cazzo. Pensavo ne fossi uscito. Vedi di non combinare casini, o attuare vendette, sappi che chiamerò la polizia. Che cazzo è sta roba?».

Carmelina, dopo aver ascoltato la conversazione, disgustata decise di abbandonare la festa, senza salutare nessuno.

L'avvocato continuò il racconto e partì il quarto flashback della maledetta festa.

A casa di Tiziana suonò il campanello, era il facchino della tintoria.

Facchino immigrato: «Sono venuto a consegnarle il giubbino. Deve stare attenta, fortuna che controlliamo sempre prima di lavare i capi nelle tasche, ma abbiamo trovato la sua fotocamera digitale e degli scontrini»

Tiziana: «Ma questo non è il mio giubbino, questo era di Toto! Non vede che

è un giubbino maschile?»
Facchino immigrato: *«Mi scusi l'indirizzo è questo, il piano e il cognome è questo. È passato un sacco di tempo nessuno è mai venuto a ritirarlo! Sarà del suo fidanzato?»*
Tiziana: *«Lei non sa nulla? Toto non era il mio fidanzato, ma il mio coinquilino è stato assassinato. Non so perché ho deciso di restare in questa casa. L'indirizzo è uguale, perché abitava qua con me!» esclamò commuovendosi.*
Facchino immigrato: *«Beh signora che vuole che ne faccia io, lascio tutto a lei, non ne voglio sapere di queste cose»*
Tiziana: *«Ma no, dovrebbe portare tutto alla polizia»*
Facchino immigrato: *«No niente polizia. No polizia, mi dispiace» replicò allarmato e scappò, lasciando tutto nelle mani di Tiziana.*

Tiziana decise di tenere il giaccone. Controllò le fotografie all'interno della fotocamera e scoprì che alla festa che aveva organizzato Toto avevano partecipato anche Carmelina e Claudio che avevano negato alla polizia ogni coinvolgimento.

Chiamò subito Claudio, il suo ragazzo. Era decisamente furiosa.

Tiziana: *«Claudio sono incazzata nera. Ho scoperto delle foto che dimostrano che tu eri alla festa che ha organizzato Toto, la sera prima della sua morte. E c'era pure Carmelina!»*
Claudio: *«Amore parliamone a voce. È una questione delicata!»*
Tiziana: *«Ora mi dici tutto o porto tutto alla polizia»*
Claudio: *«Non c'entriamo nulla, io e Carmelina con la morte di Toto. Che vai a sospettare di noi? Ma sei matta?»*
Tiziana: *«Non ho detto questo, dimmi perché avete mentito!»*
Claudio: *«Penso che l'avrai intuito!»*
Tiziana: *«Avevamo detto che ci saremmo tenuti lontani da certi giri!».*

Vincenzo incontrò l'avvocato difensore di Caronte per avere notizie. Da qui nacque il racconto della festa.

Avvocato: *«Cosa la porta da me?»*

Vincenzo: «Sono un padre solo, addolorato e in cerca di risposte!»
Avvocato: «A me è rimasta solo una nipote e una devota infermiera»
Vincenzo: «Capisco e mi dispiace molto!»
Avvocato: «Cosa vorrebbe sapere da me?»
Vincenzo: «Vorrei sapere cosa avrebbero testimoniato Tiziana e Claudio, i ragazzi uccisi prima dell'udienza»
Avvocato: «Venni contattato da Tiziana, mi disse che era entrata in possesso di notizie rilevanti ai fini processuali».

E: «Bene, bene bene! Ci siamo quasi! Ora lei deve unire i flashback! Se non saprà darmi la risposta esatta su chi è il killer, la ucciderò!», gridò contro il dottore.

F: «Ma perché non mi ha detto prima ciò. Sarei stato più attento. Lei sta giocando con la mia vita!»

E: «Esatto, sono il carnefice e lei la vittima»

F: «Non mi uccida, la prego!»

E: «Lei ha solo una possibilità per indovinare e salvarsi il culo, continui ora».

La conversazione tra Vincenzo e l'avvocato Scalise continuò.

Avvocato: «Claudio in principio non aveva detto nulla per paura di essere coinvolto»
Vincenzo: «Lei perché non ha detto nulla!»
Avvocato: «Difendevo Flaminio Coscarino, sapevo che sarebbe stato scagionato, non mi interessava alimentare questioni!»
Vincenzo: «Vorrebbe dirmi che mia figlia è immischiata in questi traffici! Non le credo affatto!»
Avvocato: «L'avevo avvisata che sapere la verità non le sarebbe piaciuto!»
Vincenzo: «Per me può bastare!»
Avvocato: «Mio caro signore! Qui si parla di droghe economiche, il Mefredone e derivati fatti in casa, non di soliti stupefacenti. È la follia umana che prende il sopravvento sulla ragione!».

Samuele chiamò Vincenzo dopo aver ascoltato il messaggio audio

in cui gli diceva che sarebbe andato dall'avvocato Scalise. Il suo telefono era in vivavoce sul cruscotto dell'auto, perché stava guidando.

Vincenzo: «Guarda questo avvocato non me la racconta giusta. Per coprire il farabutto di Caronte, mi ha raccontato una serie di castronerie. Secondo lui Gina era immischiata in un traffico di droga, mi pare l'abbia chiamata Mefredone»
Samuele: «In che senso immischiata? Sembra uno sviluppo interessante!»
Vincenzo: Che vuoi dire con interessante? Sei impazzito hai sentito cosa ti ho detto?»
Samuele: «Intendevo dire che è una notizia interessante per le nostre indagini!»
Vincenzo: «Ma scusa credi che Gina c'entri con la droga?»
Samuele: «Non ho detto questo. Spero proprio di no! Ma da investigatore privato preferisco essere obiettivo e basarmi sulle informazioni che reperiamo!»
Vincenzo: «Scusa Samuele, ma il tuo atteggiamento non mi piace per niente! Ti credevo un amico, ma sei solo un investigatore interessato a ritrovare fama! Me l'avevano detto tutti, ma io ti ho sempre difeso! Avevano ragione!»
Samuele: «Sbagli Vincenzo! Volevo solo farti ragionare. Tu sei suo padre sei molto coinvolto, io riesco a essere più distaccato!»
Vincenzo: «Sto guidando! Ti saluto!», riagganciò infastidito.

Samuele dopo la conversazione con Vincenzo cercò su su google notizie sulle droghe fatte in casa, vede dei video su youtube e legge degli articoli e rimane impressionato.

Nella cassetta delle lettere Vincenzo trovò una busta da lettera rossa senza il mittente. Decise di aprirla.

Caro papà, mi dispiace se stai soffrendo per me.
Ho deciso di scriverti dopo un anno dalla mia scomparsa.
Sono stata costretta a fuggire insieme a Marco.
Non credo potremo mai tornare.
Abbiamo combinato dei casini che non potranno mai essere risolti.
Un abbraccio, sperando tu possa perdonarmi e un giorno capire.

Gina

L'avvocato Scalise prese il telefono e compose un numero. Partì la segreteria telefonica e decise di lasciare un messaggio vocale.

Avvocato Scalise: *«Hai dimenticato di avere uno zio malato? Se volessi farmi visita prima della mia morte te ne sarei grata. Ascolta volevo informarti che il padre di Gina è stato qua. Le ho detto della festa, ma non le ho detto che tu c'eri…».*

Dopo aver letto la lettera, Vincenzo decise di recarsi a casa di Jessica per informarla dell'accaduto.

Vincenzo: *«Non so proprio cosa pensare!»*
Jessica: *«Siamo sicuri che sia la calligrafia di Gina?»*
Vincenzo: *«Sembra proprio di sì!»*
Jessica: *«O mio Dio! Che questo non significhi che siano coinvolti con gli omicidi?»*
Vincenzo: *«Non credo! Forse hanno visto qualcosa e hanno deciso di scappare!»*
Jessica: *«La storia della droga è terribile. Quell'avvocato non conosce i nostri figli, non si sarebbe dovuto permettere a insinuare una tale assurdità!»*
Vincenzo: *«Esatto. E devo dire che avevi ragione su Samuele. Ha voglia solo di trovare uno scoop da pensionato, per continuare la sua carriera investigativa! Non è un amico!»*
Jessica: *«Ti avevo avvisato!»*
Vincenzo: *«In ogni caso, penso che la scrittura sia di Gina, ma forse qualcu-*

no l'ha obbligata a scrivere questa lettera»
Jessica: *«Cosa te lo fa pensare?»*
Vincenzo: *«Per esempio, una busta da lettera rossa? Lei odiava il colore rosso! Lo trovava tamarro! Ne avrebbe usata una bianca o rosa!».*

La troupe lasciò l'auto a molti metri di distanza dalla casa Coscarino.

Silvio stava facendo da "palo" mentre Samuele e Raffaele stavano spiando da una finestra le mosse in casa Coscarino.

Samuele: *«Dettagli inutili….piuttosto vediamo un modo per sbirciare da quella finestra»*
Raffaele: *«Intendi trovare una scala?»*
Samuele: *«Certo. In ogni casa di campagna c'è una scala esterna troviamo-la!»*
Raffaele: *«Ne ho intravista una! È appoggiata alla stalla dei cavalli!»*
Samuele: *«Che aspetti prendila. Dobbiamo salire e sbirciare dalla finestra. Dio solo sa che sta succedendo in quella stanza. I modelli dell'altra volta sono scappati a gambe levate senza spiegare il perché»*
Silvio: *«Samuele, ma io nel frattempo che faccio?»*
Samuele: *«Controlla che non arrivi nessuno!»*

Appena Samuele riuscì a salire sulle scale, la scena che vide fu disgustosa. Scattò delle foto, ma poi iniziò a vomitare e decise di scendere.
Gina e Marco erano nudi, storditi, con segni vistosi sul loro corpo, mentre Caronte plasmava del materiale guardandoli.
Raffaele salì per riprendere dal suo smartphone, Silvio continuò a fare da guardia, mentre Samuele, sporco del rigetto, tornò alla macchina per prendere delle salviettine imbevute e pulirsi.
Un tonfo richiamò l'attenzione di Silvio che sentì anche dei passi nell'erba. Era convinto che provenisse dalla direzione di Samuele, gli andò incontro, ma venne colpito da una stanga e cadde a terra.
Raffaele dopo aver ripreso abbastanza, non vedendo e sentendo i suoi collaboratori, iniziò a cercarli. Conservò la scala e si recò

vicino l'auto. Quando sentì dei rumori provenire dal piccolo mattatoio, decise di entrare convinto di scovare i suoi amici. La sorpresa che trovò non fu di buon auspicio per le loro sorti.
I corpi di Samuele e Vincenzo erano a terra, e improvvisamente alle sue spalle si chiuse la porta dell'ammazzatoio e ne fu terrorizzato. Erano tutti rimasti intrappolati tra le carcasse degli animali scuoiati.

Guendalino stava lavando i piatti in cucina quando sentì delle richieste di aiuto provenire dal mattatoio. Era la voce di Raffaele. Lentamente sopraggiunse Giacomino.

Guendalino: *«Ma cosa sta succedendo nel mattatoio? Puoi controllare?»*
Giacomino: *«Nulla! Non ti preoccupare, ho la situazione sotto controllo!»*
Guendalino: *«Porti questi modelli in condizioni disastrose senza dirmi da dove vengono e chi c'è dietro a questa storia. E adesso si sentono urla umane nel mio mattatoio. È troppo!»*
Giacomino: *«Cerca di calmarti! Mi sto solo divertendo con un amico!»*
Guendalino: *«Bene, allora dopo me lo farai conoscere!»*
Giacomino: *«Certo. È un amico che soffre di claustrofobia, mi ha chiesto lui di rinchiuderlo e di non aprirlo anche se avesse gridato! Vuole vincere la sua fobia!»*
Guendalino: *«E dei modelli malati, da dove arrivano? Chi li manda? Tu e Caronte cosa mi state nascondendo?»*
Giacomino: *«Sono sotto cura in una clinica. Stanno per morire e ho pensato che potessero servire a Caronte per la sua arte. Li prendo e li riporto da una clinica privata qui vicino, i dottori sono miei amici!»*
Guendalino: *«Roba da pazzi! Ma questa tenuta non è un parco giochi o una giostra dell'orrore, dove fare tentativi di sopravvivenza. Libera il tuo amico e che questa sia l'ultima volta che vedo quei corpi malati. Caronte non ha bisogno di tutto questo! E sappi che con oggi si chiude la nostra collaborazione, non abbiamo più bisogno dei tuoi servigi»*

Mentre Guendalino voltò le spalle a Giacomino, convintosi della non pericolosità della situazione, il ragazzo sfilò un coltellaccio e iniziò a pugnalarlo alla schiena. Per dei secondi Guendalino urlò

per richiamare l'attenzione di Flaminio che scese in cucina quando era troppo tardi e il suo corpo era privo di vita. A quel punto, Caronte appurando la sua morte, entrò in crisi, bestemmiò, gridò e pianse. Uscì di casa e cominciò a correre per le campagne in preda al panico. Stava rivivendo lo stesso dolore provato da bambino per la morte dei suoi genitori.

Vincenzo chiamò Carmelina allarmato.

Vincenzo: *«Carme, scusami ma dopo le tue avances inappropriate dell'altro giorno, sinceramente ho preferito mantenere un distacco. Sento però di avere bisogno di te. Non so con chi parlare. Ho scoperto delle cose su Gina vorrei poterne parlare con te!»*
Carmelina: *«Certo caro! Tra mezzoretta finisco il turno e ci possiamo vedere a casa mia!».*

Raffaele continuò a chiamare aiuto dall'ammazzatoio. Aveva sentito le urla di Guendalino e poi quelle di Caronte, credeva nella sua pazzia e imprevedibilità. Era convinto che era stato lui a rinchiuderli. Dopo un po' Samuele e Silvio ripresero conoscenza.

Samuele: *«Cacchio che è successo? Ho un dolore dietro la testa lancinante, qualcuno deve avermi colpita!»*
Raffaele: *«Siamo fregati! Ci ha rinchiuso tutti qua. Ho lasciato il telefonino in auto! Caronte ci drogherà e faremo la stessa fine di Gina e Marco. Siamo cavie per i suoi lavori artistici»*
Samuele: *«Il mio cellulare deve averlo sfilato dalla tasca dopo avermi messo a tappeto! Ragazzi, qui non parliamo di Mefredone, ma di Krokodil, quella droga che rende come degli zombie. Avete visto in che condizioni sono quei due! Come usciamo da qua?»*
Silvio: *«Ha preso anche il mio cellulare dal giubbino! Solo che forse siamo salvi! Il mentecatto a furia di vivere in campagna non sa che esistono gli smartwatch!»*
Samuele: *«Non vorrai dirmi che hai un fottuto telefono orologio!»*
Silvio: *«Esatto. Vediamo di muovermi ho poco segnale! Chiamo la polizia*

subito!»

Samuele: «Chiamiamo subito anche Vincenzo e Carmelina, ci aiuteranno!»

Silvio: «Samuele sei impazzito è un tipo pericoloso. Non mettiamo a repentaglio le loro vite. Chiamo la polizia! E questa, è l'ultima volta che mi improvviso detective!».

Raffaele: «Samuele sono d'accordo con Silvio questa volta! Ci hai messo nei guai!»

Silvio: «Pronto. Sono Silvio Dell'Apa abbiamo bisogno d'aiuto. Caronte ci ha rinchiusi nel suo mattatoio. È pericoloso! Per piacere venite a salvarci presto! Le nostre vite sono in pericolo!».

Vincenzo si presentò a casa di Carmelina

Carmelina: «Ho bisogno di una doccia. Ti dispiace se la faccio in un lampo e poi parliamo. Ti vedo agitato, ma proprio non resisto»

Suonò il telefono fisso partì la segreteria telefonica e Vincenzo riconobbe la voce dell'avvocato Scalise:

«Ciao Carmelina è il secondo messaggio vocale che ti mando! Ascolta come ti avevo detto sono stanco di questa situazione. E' venuto prima il padre di Gina, poi ho ricevuto la chiamata dell'investigatore. Ho deciso di partire e di privarmi del telefono. Non ne voglio sapere più nulla. Passerò delle settimane in Africa con gli Himba nella Namibia Settentrionale. Se riuscirò a tornare vivo, quando rientrerò ci saluteremo. Francamente mia cara, vorrei toglierti il peso di ricordarmi così in queste condizioni morenti!»

Carmelina tornò mentre Vincenzo stava ascoltando quel messaggio, si avvicinò senza sapere cosa fare.
Vincenzo estrasse una pistola dalla sua 24ore.

Vincenzo: «Cosa è questa storia. L'avvocato di Caronte che ti chiama e tu che hai testimoniato a suo danno nel processo? Hai mentito? Cosa diavolo nascondi?»

Carmelina: «Vincenzo non è come credi! Sono la nipote dell'avvocato. E' vero sapevo della droga, ma non volevo dirti nulla! Non volevo che pensassi male di tua figlia. Io ti amo Vincenzo, ma non l'hai capito. Guardami, ti sembro una persona capace di fare del male?»

Vincenzo: «E perché questa fretta di avvisarti?»

Carmelina: «Mio zio è malato, sa che io sono innamorata di te. E mi ha consigliato di dirti la verità che sapevo della droga per non rischiare appunto che tu potessi scoprirlo e rivoltarti contro di me. Dammi sta pistola dai»

Vincenzo: «Scusa, la rimetto nella borsa. Ma ciò non toglie che tu mi hai mentito. Ho litigato anche con Samuele»

Carmelina: «Perché avete litigato?»

Vincenzo: «Perché appunto tuo zio mi ha detto della droga e lui ha insinuato che Gina c'entra qualcosa in tutto questo!»

Carmelina: «Ma dai mio zio non sa la verità. È coperto dal segreto professionale, magari è stato veramente Caronte, ma lui è stato bravo a difenderlo. E che ne so il fatto della droga non fa Gina colpevole, e poi magari è stata una ragazzata»

Vincenzo: «Scoprire che mia figlia è una tossica dipendente e che era in un giro di Mefredone è raccapricciante, ma sapere che è pure responsabile della morte di una persona è inaccettabile per me. Mia figlia non è una criminale. Ho ricevuto una lettera però da parte sua in cui sostiene di aver combinato casini. E forse avete ragione tutti voi non la conoscevo bene», disse e poi si mise a piangere.

Carmelina: «Una lettera? Allora è viva sta bene? Cosa c'era scritto esattamente?»

Vincenzo: «Nulla di che e di buono. Si è viva. Ma ammetteva di essere nei guai»

Carmelina: «Mi dispiace molto. Non immaginavo proprio che Gina fosse in questo brutto giro altrimenti l'avrei aiutata. Sono contenta che hai condiviso con me questa cosa. Credo sia meglio però non parlarne con Samuele e gli altri.

Vincenzo: «Sì, anche perché si starà sicuramente nascondendo da qualche parte. E poi tuo zio mi ha detto che alla festa c'era Charlie, che ha parlato con Toto. Ma perché si è inventato tutto questo? Perché farmi sospettare del direttore del museo, chi sta proteggendo? E poi possibile che Claudio e Tiziana gli abbiano raccontato tutto questo?»

Carmelina: «Vincenzo non ti piacerà quello che sto per dirti, ti prego di ascoltarmi. Sta solo proteggendo me. Io ero alla festa! Basta ti dirò tutto»

Vincenzo: «Che cosa? Tu eri alla festa e non mi hai detto nulla?»

Carmelina: «Ho raccontato io a mio zio di Charlie e Toto. Origliavo dalla porta del bagno! Non ho però la certezza di dire che Charlie c'entri qualcosa con la morte di Toto. Ero convinta invece che il colpevole fosse Caronte. Avevo già testimoniato contro di lui quando morirono Claudio e Tiziana. Dopo la loro morte però, iniziai a pormi delle domande a riguardo e pur non avendo prove concrete bisognerebbe sospettare anche di Charlie!»

Vincenzo: «Ma perché non hai detto nulla? E lo dici solo a me ora?»

Carmelina: «Non ho prove, ma poi Gina mi aveva fregato il ragazzo. Vincenzo non sai quanto ho sofferto, Marco era il mio ex e lei non si è fatta nessuno scrupolo a mettersi insieme, sapendo che io ero ancora innamorata di lui. Non è stata un grande amica. Charlie aveva un debole per lei, si erano frequentati per un po', ma poi lei ruppe trovandola noioso. E so che lei l'aveva tradito spesso. Gli disse che non aveva più stimoli con lui»

Vincenzo: «Ma mia figlia non era così!»

Carmelina: «Vincenzo, vedi volevo risparmiarti tutto questo! Claudio chiamava Charlie che oltre a essere un direttore di Museo, è un pusher quotato»

Vincenzo: «Lui procurava il Mefredone a mia figlia?»

Carmelina: «Parliamo di cocaina, non di robetta. Tutte le persone che erano alla festa sono morte o scomparse. Toto che tra l'altro era molto intimo con Charlie, Gina, Marco, Claudio e Tiziana. L'unica ragione per cui sono ancora viva è che lui non mi ha vista alla festa. Gli ha aperto la porta Claudio e poi è salito in bagno. Toto e Charlie li ho sentiti parlare, credo che mio zio ti abbia raccontato tutto il resto, perché quello che sa glielo ho detto io! Volevo lo apprendessi da lui e non da me. Ma adesso ho capito che non potevo fingere di non sapere e non dirti nulla. Vincenzo, ti ho detto la verità perché sono innamorata di te!»

Vincenzo: «Ma come potrei fidarmi di te? Sei una codarda. Non hai detto la verità al processo e alla polizia e a nessuno. Dovresti denunciare Charlie fare una deposizione!»

Carmelina: «E se mi sbagliassi? Non l'ho mai visto uccidere nessuno. Sono solo supposizioni. E poi oltre a essere il pusher, la cosa clamorosa è che Charlie Crisante è il nipote del Magistrato Lorenzini che si è occupato del caso!»

Improvvisamente suonò il telefono di Vincenzo. Era la polizia che lo avvisava che avevano trovato i cadaveri di Gina e Marco privi di

vita nello studio di Caronte. L'autopsia constatò che la loro morte non era dovuta agli effetti della Krokodil, ma allo strangolamento subito.

Sei mesi dopo al tg si parlava del Caso Caronte.

Giornalista: *«Flaminio Coscarino risulta ancora disperso. Dopo essere stato scagionato per il delitto di Toto Talmone, è accusato di aver ucciso suo fratello Guendalino e i due ragazzi che posavano per lui, Gina e Marco! Ne parliamo tra poco con l'investigatore privato, il criminologo e lo psichiatra che dopo aver deciso di indagare per loro conto su tali eventi, sono stati feriti e rinchiusi nel mattatoio da Caronte. Pare che anche questa volta sia riuscito a farla franca, facendo perdere le sue tracce».*

E: «Ora mi dica si fermi un attimo. Chi è il colpevole di tutto? Se sbaglia l'ammazzo!»
F: «Charlie» rispose il dottore.
E: «Finisca e poi è libero di andare»

Caronte era stato rinchiuso in un seminterrato con i propri strumenti di creazione. Al piano di sopra Charlie e Giacomino ascoltavano il telegiornale, compiaciuti e brindavano alla loro vittoria.

Qualche mese dopo Vincenzo e Carmelina convolarono a nozze. Tra i vari invitati anche Jessica, suor Agatha, Samuele, Raffaele e Silvio, tra le varie conversazioni dopo i brindisi agli sposi, ce ne fu una che riunì di nuovo la troupe investigativa.

Vincenzo: *«Loro credono di avercela fatta?»*
Jessica: *«Che lo pensassero pure, la vendetta è un piatto che va servito freddo»*

Samuele: «Il nostro vantaggio è quello di fargli credere che pensiamo veramente sia stato Caronte l'artefice di tutto»
Vincenzo: «La pagheranno cara»
Suor Agatha: «Il nostro signore Gesù Cristo dice aiutati che Dio ti aiuta. Spero che illumini i vostri cuori. E preghiamo che la giustizia venga fatta sia in Terra così come in Cielo. E la vostra che non sia montata dall'odio personale, ma dalla riconoscenza di una espiazione dei peccati. Siamo tutti peccatori. Ricordatevi che probabilmente tengono in ostaggio un artista fragile che ha tanto bisogno di ricevere amore»
Carmelina: «Sorella li incastreremo nel nome del Signore»
Silvio e Raffaele: «Amen»

E: «Bene, è libero! Scappi da qui prima che cambi idea! Ecco cosa si può fare con una pistola giocattolo?»
F: «Cosa?»
E: «Questo è uno scherzo che le hanno fatto i suoi terribili amici»
F: «Li ucciderò uno a uno!» rispose il dottore.

Capitolo 8

La sgualdrina

Paziente H. Terapeuta G.

G: «Perché crede di aver bisogno di me?»
H: «Ho bisogno di lei, perché mi sento disordinata»
G: «Da bambina cosa pensava di voler diventare da grande?»
H: «Da bimba volevo essere moglie casalinga»
G: «Qual è il suo malessere? Lo descriva semplicemente»
H: «Il mio malessere è l'essere incompresa»
G: «Cosa prova nei confronti del suo compagno?»
H: «Nei confronti del mio compagno provo attrazione sessuale»
G: «Lo ha mai tradito e per quali motivi?»
H: «Non l'ho tradito. Ci siamo traditi, io una decina in più»
G: «Se il tuo compagno fosse qui con noi, cosa vorrebbe dirgli?»
H: «Gli direi che amo il suo sorriso, ma non tollero il suo egocentrismo»
G: «Crede in Dio?»
H: «Non credo le serva sapere se credo in Dio»
G: «Cosa pensa le servirebbe per uscire da questa condizione?»
H: «Per uscire da questa condizione, ho bisogno che quella testa di cazzo del mio compagno sappia ascoltarmi oltre che pensare ai suoi giochetti. Quelli li faccio con gli altri»
G: «Crede di essere malata?»
H: «Non credo di essere malata più di altri, ma sono sensibile. Non

l'ha ancora capito?»

G: «Crede che i farmaci le servirebbero?»

H: «I farmaci non so se mi servirebbero. Li ho provati non ho sentito cambiamento, però so che in alcuni casi il paziente non vuole riconoscere la malattia e che i farmaci sono curativi, ma non mi fido dei dottori che li prescrivono perché non sono un topo da laboratorio e la psiche è mia»

G: «Se potesse cambiare qualcosa della sua vita cosa cambierebbe?»

H: «Della mia vita cambierei la mia infanzia»

G: «Qual è la persona più importante della sua vita?»

H: «Non c'è»

G: «Qual è la cosa più negativa che ha fatto fino adesso?»

H: «Pensare di valere poco influisce su tutto»

G: «Qual è la cosa più bella che ha fatto?»

H: «La cosa più bella fatta? È assistere un ragazzo con problemi, ma lui non sa di averli»

G: «Qual è il suo colore preferito, il suo cibo preferito, il suo cantante preferito, il suo libro preferito?»

H: «Il bianco. Le lasagne. Elton John. L'insostenibile leggerezza dell'essere»

G: «Qual è il film che le è piaciuto di più? Mi chiedo se ha le idee così chiare. Come mai si trova qui?»

H: «Il mio film preferito è Amleto di Branagh»

G: «Se avesse un cane come lo chiamerebbe?»

H: «Lo chiamerei con un nome strano. Vratilek»

G: «Se avesse la bacchetta magica per risolvere i suoi problemi da dove partirebbe?»

H: «Non so da dove partirei. Non mi interessano i soldi. Forse vorrei iniziare a fare sesso più tardi. Ho iniziato troppo presto. Forse vorrei anche frenare dentro di me la mia bastardaggine che mi porta a essere infedele e a tradire. Mento agli uomini perché li considero responsabili di ogni cosa negativa che succede nella mia vita. Sono una sgualdrina lo so bene!»

G: «Non deve pensarlo, per oggi abbiamo finito. Alla prossima!».

Capitolo 9

Cari lettori,

innanzitutto grazie mille per la fedeltà accordatami e per l'essere arrivati fino a questa pagina.

Spero che la lettura di questo libro vi abbia distratto dai vostri problemi esistenziali, o semplicemente vi abbia dato motivo di sentirvi partecipi di questo abbraccio emotivo tra me e voi.

Non c'è un modo sicuro per risolvere i grattacapi dell'esistenza, soprattutto non è possibile farlo senza affrontarli.

A volte si possono solo attutire.

Di certo, quello che so, dalle mie esperienze, è che bisogna viverli a pieno per potersi fare una idea autentica a riguardo.

Non esiste un manuale capace di aiutarvi meglio di voi stessi.

Ognuno ha un accesso infinito di sconfinanti metodi e misure personali per affrontare la propria vita.

Non può esserci quindi una terapia di coppia efficace, semmai può sussistere solo un principio-studio di tipi di comportamento dai quali poter prendere esempio.

Non servono neppure i consigli degli altri, perché loro possono osservare e cercare di capire, ma non saranno mai i padroni dei nostri desideri e delle nostre esigenze.

Nelle relazioni di qualsiasi natura esse siano, è sempre e solo una questione di semantica.

Il giudizio della gente con cui siamo cresciuti e da cui ci siamo liberati solo in età adulta, ci perseguiterà inconsciamente per sempre.

Il codice etico degli schemi della propria famiglia è un altro cruccio, che ci condiziona le scelte fino a quando non saremo noi la nostra famiglia e non perché ne formeremo una, bensì perché sentiremo di esserlo diventato.

Gli insuccessi sentimentali o lavorativi esistono per dare una apparenza emotiva di noi, ma sono solo dei dettagli. La vera forza vitale che ci fa sopravvivere tutte le volte è imparare ad avere bisogno solo della propria compagnia, ma non per le infinite capacità che si posseggono, piuttosto per la semplicità naturale di quello che si è, e non si ha o si ottiene.

Restare immobili nei pochi momenti tra l'ozio e la contemplazione, senza avere nella propria manica l'obiettivo e senza preoccuparsi di questo.

Stare bene in compagnia solitaria del proprio io senza pretendere un accidenti di nulla.

Questo non è un antidoto e neppure un segreto, è solo una condizione fisica e mentale di benessere che potrà sempre renderci sereni.

La felicità è un gioire di qualcosa che può capitarci oppure no, ma non è questo il punto esclamativo per potersi ritrovare.

Il piacere più beato risiede nella tranquillità in uno stato di pace e senza eccessi emotivi.

Che non sia ciò la meta verso una felicità più grande della felicità stessa?

L'amore cosa è, non lo si sa mai. Se non corrisposto non esiste, senza sacrifici è scontato. Se non si rinuncia a qualcosa per averlo è fragile.

Per tutto il resto non c'è Visa, ma c'è solo una questione di Semantica.

Indice

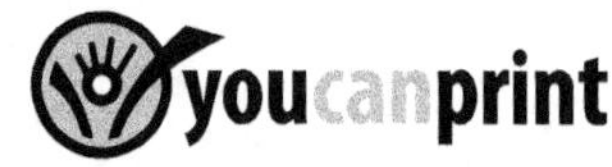

Finito di stampare nel mese di Dicembre 2015
per conto di Youcanprint *Self - Publishing*